AF258700

DOCTEUR ANDRÉ CURTIL

LES AVEUGLES

LYON
HENRI GEORG, ÉDITEUR
36-42, PASSAGE DE L'HÔTEL-DIEU
MÊME MAISON A BALE ET A GENÈVE
PARIS, LIBRAIRIE FISCHBACHER
1913

Docteur André Curtil

Les Aveugles

I

L'HORIZON PERDU

L'HORIZON PERDU

I

En ces pages, la raison, toute froide, se réchauffe au souffle du cœur.

Le rêve colore tout ce qu'il touche; la raison n'a pas ce pouvoir; elle ramène tout à des lois qui sont les sévères définitions des choses. Ce sont de pâles visages, sans beauté, sans parure, sans vie; pour voir leurs traits véritables, elle les a dépouillés de tout leur éclat.

Mais ces figures inertes, masque chétif et incertain de l'univers, que l'on envoie régner sur le monde, de quelle émotion pourront-elles agiter les cœurs?

Si l'on veut qu'elles soient aimables et fécondes, il faut que le rêve les ranime. Seul le rêve est compris de rêve et l'on sait bien que nous n'écoutons jamais que sa voix. Lui seul est la source inépuisable de l'action.

Il a parfois, c'est vrai, un désir effréné des grands espaces; il s'envole dans d'inquiétants voyages; il semble partir pour des courses folles et sans but. Qu'importe? Si, sur sa route, un seul cœur a frissonné au passage de la brillante chevauchée, il jaillira de cette âme émue plus de prières et plus d'actes utiles que de toute une foule attentive à des lois inertes et indifférentes.

La vérité ne s'envolera jamais si le rêve ne la prend sur ses ailes, car lui seul a, dans ses flancs, l'amour généreux capable de la féconder.

II

Il y a un océan immense, illimité, fait d'azur et de claire transparence, qui baigne toutes choses, où nous sommes nous-mêmes plongés, un prodige, la lumière.

Sa vague tranquille balance son flot à toutes les rives. Ses ondes s'échappent d'une source inépuisable et sacrée; elles se répandent de toutes parts et leurs torrents, si loin qu'ils coulent ni ne se transforment, ni ne s'épuisent.

Elles luttent avec l'espace qu'elles remplissent et parcourent dans une course inconcevable; mais lui, infini, oppose ses bornes qui reculent sans cesse; la lumière s'avance en un galop de vertige vers un horizon insaisissable; ce qui ne connaît pas de limites entraîne ce qui ne connaît pas l'épuisement, d'astre en astre, de système en système, et les deux coursiers sublimes et inassouvis poursuivent la chevauchée fantastique vers un but et un avenir sans fin que notre impuissance ne sait bientôt plus concevoir.

Parfois, sur un point de sa route, le fleuve immense rencontre un astre accroché au pivot qui l'entraîne et dans l'attente de sa venue. Alors, quelques gouttes s'arrêtent et se répandent, et la terre bienheureuse est fécondée d'azur, de vie et de joie.

*
* *

Mais le nôtre est le plus cher à la lumière; elle en a fait son époux.

Chaque jour, à l'aube, elle lui donne le baiser céleste. Elle approche; elle a mille hésitations prudentes; elle ne l'aborde qu'avec lenteur, comme pour adoucir le tumulte de sa venue; elle l'éveille, elle l'anime peu à peu et l'amante invite au sacrifice; alors elle prodigue tous ses éclats, elle mélange tous ses dons, en tous sens, en toutes nuances, en toute durée; son langage prend des teintes délirantes de désir, de promesse, de volupté; elle s'offre, elle se donne. Puis, l'étreinte passée, la symphonie convulsive et changeante se calme, s'affaisse, s'épuise et se fond peu à peu dans le chant tranquille du jour apaisé.

Midi : elle déborde d'éclat. Parce que cet éclat est la vie, les choses et les êtres s'exaltent. Sa flamme pénètre partout et elle qui connaît l'espace sans fin se donne aussi aux invisibles et aux plus cachés et il n'y a pas un atome qui n'ait son étincelle et son rayon. Mais nous, nous baignons en elle, nous buvons ses ondes, nous nous enivrons de son azur. Et la lumière est tellement autour de nous et en nous, elle est tellement le visage de tout ce qui vit, de tout ce qui aime, de tout ce qui est joie, que nous passons en l'oubliant, comme nous oublions que nous respirons et que nous vivons, comme on finit par ne plus sentir un bonheur qui se prolonge ; que nous sommes surpris d'être tristes quand elle s'obscurcit derrière le nuage qui flotte ou radieux quand elle renaît ; que nous ne nous disons plus qu'elle est notre âme, qu'elle a été notre aurore, le premier frôlement de l'univers, nos rires d'enfant, nos jeux, notre amour, qu'elle est nos pas de chaque jour, qu'elle sera notre vieillesse et qu'elle chauffera jusqu'au dernier souffle le corps usé et les membres tremblants ; nous ne nous disons pas qu'elle est tous les sourires, toutes les caresses, qu'elle est la terre, l'eau, la plaine bruissante, les fleurs, les vallons qui ondulent, le torrent qui jaillit, la neige immaculée, les sommets vierges et scintillants, le fleuve qui descend, la mer et sa houle, l'éclair dans la nue, la nuit inquiétante et ses astres qui veillent, qu'elle est l'azur où le regard s'élance vers l'infini du ciel, l'horizon sans bornes où il fouille par delà le monde, la ligne illimitée droite et pure, l'espace où flotte une tranquille harmonie, la beauté, qu'elle est toutes les merveilles et qu'elle ne se limite qu'en Dieu.

Mais la cadence poursuit son rythme ; tout ce qui vit a son flux d'éveil et de sommeil et c'est l'heure où la lumière s'apaise et s'alanguit. Elle se sépare au baiser du soir ; toujours prudente, elle s'éloigne avec lenteur, pour combler le néant d'un abandon trop brutal ; elle met un sourire de feu sur chaque mot d'adieu ; peu à peu, la voix se fait lointaine et elle se perd dans le calme reposant de la nuit.

Et le pendule immuable vient d'atteindre au sommet de la course qui se balance ; il y reste un moment en suspens comme pour assoupir jusqu'à l'aube prochaine la grande pulsation de la terre et de la vie.

Mais la lumière ne s'endort jamais, car elle ne saurait ne plus luire sans que le monde ne périsse avec elle.

Nous la voyons silencieuse, comme une clarté tranquille, immobile, recueillie ; mais nous savons qu'elle est la force la plus puissante et la plus indispensable à la marche du monde ; qu'elle est la source qui fait vivre tout être, l'énergie qui agite toute matière ; qu'elle est le brasier, le marteau, l'enclume et le creuset de tous les tourbillons.

Partout où il y a de la vie, il y a effort vers la lumière ; toute vie, invisible, sans pensée ou consciente tend vers elle, la cherche, la trouve ou meurt ; tout ce qui se meut et se nourrit s'exalte quand elle luit et languit quand elle pâlit.

Elle s'exerce. Elle prépare, décompose, reconstitue, réchauffe, éteint, réveille, anéantit la matière dont est fait le monde et pas un atome n'échappe à ce tourbillon implacable où il se transforme en subissant sa loi. Elle provoque sans cesse mille changements, les uns brusques et tumultueux, explosion soudaine d'une ardeur lentement accumulée; les autres insaisissables parce qu'ils portent sur des éléments invisibles, ne les modifient que lentement et que notre vie est trop brève pour en réunir les étapes qui chevauchent sur les siècles; mais les traces qu'ils laissent, les souvenirs, la tradition nous font rapprocher de ce qui est, l'image de ce qui fut.

La force se répand, la matière la recueille; elle l'emploie; elle l'accumule, elle la restitue plusieurs siècles après; nous vivons de notre lumière et de celle qui a brillé ; le soleil luit pour l'avenir. Nous ne savons quel rayon nous réchauffe, celui qui passe maintenant ou celui qui a jailli aux premiers âges ; notre vie n'est qu'un point dans la durée bienfaisante du soleil ; mais à chaque minute, elle se chauffe à l'éclat des temps ensevelis.

Mais qu'est donc l'étonnante merveille?
Un mouvement.

Mouvement d'un souffle insaisissable,
impondérable, un fluide, l'éther qui est partout, dans l'espace, dans les choses, dans le
vide et jusqu'au sein des atomes agglomérés
de la matière sensible; mouvement de nature
vibratoire et qui se propage en ondes infiniment serrées et innombrables. A toute source
de lumière, de telles ondes s'ébranlent à torrents et tout ce qu'elles rencontrent sur leur
route frémissante prend, pour nous, éclat,
forme, couleurs. Il y a toute une gamme
d'ondes de vitesse et de densité différentes,
correspondant à la série des lumières colorées et, aux points extrêmes de cette gamme,
des ondes plus rapides ou plus lentes que
nous ne percevons pas sous forme lumineuse,

dont certaines sans doute, et en très grand nombre, nous échappent, parce qu'aucun sens n'est adapté à les recueillir, mais qui n'en poursuivent pas moins leur lente action sur l'univers et sur nous-mêmes.

Et si la lumière ralentit ou presse sa course pour pâlir ou animer son visage, c'est qu'elle veut nous plaire et nous aimer sans cesse; ses couleurs sont l'échelle de ses caresses, les notes de ses chansons et elle chante, se teinte et fascine partout où elle se pose; et quand elle se montre à nous tout entière et toute nue, sa blancheur atteste sa pureté.

Un mouvement?

Alors, c'est en nous tant d'azur, tant de frissons, tant de joie; sur un coin de trame pensante tant d'univers radieux et coloré; et quand nous montons dans l'azur, quand nous partons au fond de l'espace, quand nous planons sur l'océan bleu, et que le rêve bat des ailes, c'est du mouvement qui se mesure?

Qu'importe? La déesse, un jour, a passé près de nous; elle s'est arrêtée et son prodige se poursuit. Elle est, pour la terre, l'urne de toute vie, la source de toute joie; un modèle de cadence qui agite son pendule d'harmonie au rythme des jours et des nuits; elle est un symbole du temps et les entrailles inépuisables de l'espace.

Mais, plus loin, au sein des univers, là où il n'y a plus d'ombre d'une terre misérable, plus de nuées, plus de nuit, plus de regards, plus de cerveaux inquiets, mais elle partout, quelle est sa loi? Est-elle quelque divinité tranquille, immuable, olympienne? Est-elle la force première qui a lancé la course de tous les mondes, l'épaule rude qui les supporte; quelque pivot de la sublime mécanique? Son visage est-il encore d'azur et de transparence? N'est-elle qu'un rythme au son d'une musique douce, sereine, infinie, lointaine, et qui nous échappe? Ou n'est-elle pas plutôt comme un grand sourire qui vole d'espace en espace à la recherche des univers et qui nous laisse, en passant, notre part de sa caresse?

III

Vers la lumière, le cerveau tend les bras;
il descend de son trône inaccessible à travers
un chemin tortueux, caché, encombré d'obstacles, inviolable. Il s'approche du dehors en
curieux avide et prudent; il avance aussi
près que le permettent la décence, la noblesse,
la fragilité de sa substance, et quand il flaire
que l'agitation et le bruit ne sont plus bien
loin et qu'il est à la portée de la proie immatérielle, il ouvre sa main et la laisse épanouir

en mille doigts plus crochus, plus agiles, plus
ténus, plus rapides et plus harmonieux qu'en
n'importe quel spectacle de légende incompréhensible où des fées innombrables et
minuscules s'évertueraient sans cesse, sous
un seul contrôle magique, à saisir les millions d'atomes qui nous heurtent et à remplir
de leur butin le palais du seigneur tout
puissant.

Il recueille les ondes; mais il n'accepte
pas du monde sa matière brutale; il la plie
à ses désirs inconnus et à sa soif mystérieuse,
et on lui prépare le fluide précieux en un
breuvage nouveau. Il a mis devant lui, à la
face de l'univers, comme un filtre étonnant
fait d'azur, d'eau claire et de neige transpa-
rente, cet organe, l'œil, si ardent, si varié, si
complet, si fragile, si intentionnellement
protégé, et qui est le plus délicat et le plus
audacieux serviteur que la matière pensante
ait asservi à ses besoins. C'est lui qui captive
les rayons, qui les réunit, qui leur donne
leur première parure avant de les déposer

aux pieds du maître exigeant. Lui, les accepte, les dépouille et les transforme encore, et les emporte sous une forme inconnue en un coin caché de sa demeure, et là, tout est clarté, espace, couleurs, frissons et joie.

*
* *

Mais qui veut la lumière doit la saisir dans l'espace.

L'œil est l'organe de l'étendue; il est le miroir de l'infini.

La ligne sans fin, l'horizon inaccessible, voilà ses routes; les bornes du monde, les astres, tous les univers, voilà ses rêves. Le jeu d'un muscle, un coup d'aile, il se tourne et s'envole vers le ciel. Tout l'espace est à lui.

C'est que, lui seul, s'abreuve à cette source incompréhensible, une onde immatérielle, le mouvement à peine concevable d'une chose que nous ne concevons pas. Qu'importe alors la distance? Qui arrêtera cette poussée sans consistance et sans réalité? Quels obstacles de matière à une chose qui n'en est pas? Qui peut enchaîner l'âme dans son élan vers Dieu? N'est-ce pas faire injure au fluide de clarté que de le plier à nos mesquines lois de l'espace et, s'il avait quelque conscience, pourrait-il imaginer cette chose méprisable, l'étendue, lui qui n'en a aucune et qui l'a tout entière?

Mais qu'un autre muscle se raidisse, un effort de l'attention, l'œil quitte l'infini et le voilà penché sur le monde immédiat qui nous touche et l'image reste aussi pure. C'est qu'encore l'œil est fait pour la lumière et que la lumière se donne à tous les mondes, en nappes immenses dans ce qui n'a pas de bornes, atome par atome aux tout petits et partout l'œil doit la refléter.

L'œil dose l'espace; il se mesure à lui. Sa puissance va du proche contact aux explorations immenses dans les contrées sans fin.

Et dans ce petit champ d'azur infiniment
plus borné que le grand ciel, mais aussi profond et aussi insondable, dans cet autre prodige et cette autre énigme, le regard, qui est
comme une réponse magnifique et fragile à
l'amour de la lumière, le rêve s'avance et se
trouble comme il se perd dans l'appel mystérieux de la nature.

Les yeux, c'est le sourire de l'âme comme
la lumière est le sourire de l'univers; c'est sa
caresse, comme la clarté celle de l'espace;
c'est tout un monde troublant ouvert sur ce
qui s'agite en nous, car tout ce qui chante,
tout ce qui rêve, tout ce qui aime, tout ce
qui pleure et tout ce qui prie descend des
profondeurs de l'âme lointaine ou inaces-
sible vers la surface limpide et l'écho affaibli
a ridé les eaux mystérieuses et claires.

Qui sait si le charme des yeux n'est pas comme un reflet de celui de la grande lumière qui les baigne et les inonde sans cesse, car les mille et mille petits lacs d'azur tendent toujours vers elle et toujours cherchent à mêler leurs eaux avides à ses eaux silencieuses; car elle n'est rien sans eux comme ils ne sont rien sans elle; car c'est bien sur nos tremblantes prunelles que le sourire de l'âme touche des lèvres le sourire du monde, et c'est bien la mort de ce baiser magique qui sera la mort mystique et le malheur immatériel de l'aveugle.

IV

Vibrations au dehors, lumière au dedans.

Au dehors, dans l'univers que nous peuplons et qui, pourtant, semble fait pour nous, il n'y a, du moins, sur la foi du raisonnement le plus poussé ou d'hypothèses si vraisemblables qu'on les tient pour réalité, il n'y a rien de ce que nous croyons y percevoir. Nul murmure, nul bruit, nulle clarté, nul parfum; rien qu'un mouvement incessant, rien que ce frémissement de matière et de fluide

et que nous ne pourrons jamais saisir autrement que par la pensée; rien que ce tourbillon de molécules, d'atomes et de vide qui
frissonne autour de nous, rien que ces éclairs
immatériels qui nous frôlent, ébranlant l'infini en distances et en vitesses inimaginables.

Chacune de ces traînées vibrantes que
nous percevons et qui sont dosées comme
une gamme qui croit ou décroît, ne révèle
à nos sens qu'un court trajet de leur longue
suite graduée; trop rapides ou trop lentes,
elles nous échappent et nous ne savons
rien de leurs extrêmes.

Et, d'autres traînées, différentes, mais
toutes chargées aussi d'un frisson pour l'organe qui pourrait les saisir, ne passent-elles
pas près de nous sans entrer, faute de portes
qui leur soient ouvertes? Les cinq petites
fenêtres avides que notre cerveau est arrivé
à percer sur le monde ne lui donnent que
cinq de ces frissons; mais combien sont pour
nous comme s'ils n'existaient pas? Mille peut-
être et qui ne servent qu'à nous troubler

quand nous voulons comprendre et expliquer avec ceux que nous avons.

J'imagine des visions déroutantes, de délicieuses musiques, des parfums vertigineux, dés sensations ineffables et fantastiques, qu'on ne peut ni concevoir ni nommer et qui se perdent en un simple mouvement, lançant par le monde leur appel sans écho.

Combien de fois sommes-nous aveugles pour toutes ces lumières?

*
* *

Mais voici, grandes ouvertes sur le dehors, toutes les portes où le cerveau attend les nouvelles et par où s'engouffrent tout ce tumulte tranquille et ce fracas silencieux.

Sur tous les chemins, ce ne sont que transports et voyages incessants; les voyageurs, mystérieux, inconnus, sans nombre, se hâtent toujours vers le but de leur route, qui est cette contrée inconcevable, sans étendue et pourtant illimitée où ils se transfor-

ment et s'absorbent; cependant, d'autres
voyageurs, non moins rapides et affairés cheminent aussi sur des routes voisines et
encombrées, tandis que d'autres encore, différents, mais aussi inconnus, redescendent
par les voies d'à côté, et sans les rencontrer,
vont à la source où puisaient les premiers.

Qui pourrait voir cela verrait tout un
univers en mouvement; tout un monde
déplacé, d'abord décomposé, divisé, haché,
puis transporté en des millions de parcelles
et reconstitué, au point d'arrivée, sous la
forme que nous connaissons et qui est pour
nous la seule réalité.

*
* *

Et voici cette région miraculeuse où
affluent les voyageurs, arrivée pour les uns,
départ pour les autres, mais terme de tout;
où se presse et s'entasse tout ce qu'apportent
et ont apporté les uns, où se prépare et s'élabore tout ce que vont emporter les autres.

Ici, il n'y a qu'arrivées, départs, ordres, échanges, dislocations, synthèses, travail incessant, mais toujours unité dernière, parce que soumise à une puissance unique et incontestée. Et le chef suprême, activité consciente, force pensante avec tous ses attributs est l'artisan de l'œuvre du dedans.

On ne peut nier qu'il ne cherche à nous donner du monde une vue aimable; il ne sait rien faire qu'il ne colore d'un peu de sentiment; l'émotion qu'il répand sur tout son travail semble l'essence même de son ardeur; il ne sait pas construire froidement; il faut qu'il se passionne; il faut que l'œuvre soit chaude, il faut que l'univers éclate, il faut que l'édifice frissonne d'aise ou de douleur.

Et c'est pour cela qu'il fait briller la lumière, chanter les sons, enivrer les parfums et que toute nouvelle du monde, si indifférente et si froide que soit la région d'où elle vient, a toujours en nous quelque chose d'ému.

Sur le chemin de nos sens, le flux monte
et descend, comme un lien magique entre
ces deux mers, insondables et toujours mouvantes, qui se complètent et se contredisent,
s'attirent et s'opposent, ne font qu'une et
sont deux et où l'on se perd : la conscience
et ce qui l'entoure, le moi et le non-moi,
nous et le monde.

De ces deux horizons, l'un est immense,
puissant, écrasant, soumis ou révolté, quoi-
que toujours indifférent, et l'on ne sait com-
ment juger ses caprices. L'autre est ardent,
fragile, avide, souple; il se heurte contre le
colosse, il se meurtrit, mais il l'entame et
finalement il règne sur lui, car sa puissance
bat de ces trois souffles triomphants, la vie,
la pensée et l'amour.

II

LA MORT DU REGARD

LA MORT DU REGARD

I

Sur la trame fragile, les ondes glissent, légères, portant l'éclat et la forme des choses ; ces filles mystérieuses, jamais distraites, détachées du flambeau du monde et de la vie, ne redoutent qu'un obstacle, la mort ; un cadavre sur leur chemin, elles s'arrêtent et se détournent, laissant derrière elles la nuit.

La mort, tristesse de toute vie, gardienne de toute nuit.

Celle qui se dresse ainsi sur la route de la lumière n'est pas la puissante personne qui nous frappe tout entier, suspend notre dernier souffle, glace la dernière goutte de notre sang, ou plutôt, c'est bien toujours elle, car il n'y en a qu'une ; mais ici, elle frappe à petits coups, en un tout petit coin de notre vie.

Et c'est bien ainsi qu'il faut regarder la mort, même pour comprendre ses plus vastes méfaits, comme la destruction de la plus petite parcelle de matière vivante qui, en se répétant mille fois et sous mille formes, est la matière ou le corps de l'être tout entier. Car c'est ainsi que l'on conçoit la vie, dans sa limite la plus réduite et la mort n'a pas pour nous d'autre essence éclairée que d'être un arrêt de cette vie.

Nous ne sommes que la réunion d'êtres infiniment plus simples qui vivent pour eux d'abord et pour nous ensuite, car chacun se groupe en tous sens, en tout nombre, en tout but pour assurer l'organisation et le maintien de l'ensemble ; chaque élément est aussi, semble-t-il du moins, un groupement d'êtres plus simples encore et dont la réalité, toujours plus certaine, réduit sans cesse les limites du fragment vivant. Et qui sait si nous-mêmes, qui nous croyons pourtant le terme le plus vaste de toute complexité, ne sommes pas qu'infimes parcelles d'une immense nappe de vie, dont les contours toucheraient aux confins de la force suprême, que nous ne discernons pas plus que ne nous discernent sans doute les petites cellules qui nous composent et qui nous entraîne dans sa loi comme des asservis inconscients ?

Nous mourrons d'abord, et des millions de fois, de la mort de nos éléments qui tombent sous l'usure ou précocement frappés; nous mourrons ensuite de celle de leurs groupements en systèmes qui sont nos organes et que nous traînons alors comme des cadavres au sein de la vie ; et quand enfin, le fléau étendant ses ravages, nous sommes las de tomber de ces morts qui s'ajoutent,

ou bien touchés en quelque source du grand
flot de vie, le grand trépas emporte le corps
et frappe l'âme aussi avec lui. Et le dernier
convoi qui les résume tous, et le dernier glas
qui sonne pour tous, portent la douleur et
les pleurs dans l'âme même des nôtres, des
autres à qui nous appartenons, comme toutes
ces morts que nous avons sonnées en nous,
nous ont fait gémir de notre propre douleur
et nous ont arraché nos propres larmes.

*
* *

L'aveugle a sonné un triste glas le jour
où il est mort dans son regard et dans ses
yeux. Ici, c'est une douleur immense, un
ébranlement profond pour une mort assez
réduite et assez silencieuse. Des ténèbres
définitives, un voile devant le monde, un
cachot, un coup mortel au bonheur, une vie

nouvelle et lugubre pour un carré de matière ensevelie.

Mais ceci ne doit point nous surprendre, car ce qui importe en toute mort, comme aussi en toute vie, ce n'est pas la matière devenue inerte, mais l'âme qui s'est échappée à la minute fatale, ce n'est pas le sol en espace, mais sa fécondité perdue. Nous nous sommes habitués à considérer la vie dans la matière même qui la supporte, parce que c'est le seul visage que nous puissions interroger et analyser, c'est la seule terre, du moins on le croit ainsi, que nous puissions remuer pour y chercher le secret de la force elle-même et nous arrivons à oublier le mystère qu'il s'agit d'éclaircir, à croire même, parce qu'il est resté jusque là enfoui, que le sol que nous fouillons ne le contient pas. Mais, aux heures de douleurs, ou toutes les fois que nous sommes en présence de la grande force qui s'agite, nous voyons bien que ce qui importe en elle ce n'est pas la matière, mais le souffle qui l'anime.

Pour que la vue s'éteigne, il n'est même pas besoin que l'appareil qui la supporte périsse tout entier ; il suffit qu'un de ses organes élémentaires soit atteint sur le trajet du fluide et le malheur est accompli.

Que de dangers de mort ; que de foyers d'agonie différents mais aussi fatals ; que de flancs à l'ennemi et que d'ennemis pour une seule mort.

Dans son embarras, il semble pourtant que la mort choisisse son lit et se pose avec plus de constance en de certaines étapes de la route lumineuse qu'elle veut enténébrer et qui deviennent comme les portes fragiles de la nuit. Le cristallin qui se trouble et se disloque, le nerf optique qui meurt d'une lente agonie, la cornée qui se perfore et ouvre la voie à la mort envahissante, voilà d'où le plus souvent surgit l'ombre de l'aveugle.

Mais tous les points sont attaquables et de toute blessure mortelle monte la nuit parce que, dans tout système vivant, rien n'est isolé, rien n'est inutile ; tout vit de la vie de l'ensemble ; tout travaille au rôle commun. Tout point de mort est un deuil ressenti et une entrave au devoir unique vers lequel s'efforce l'ensemble.

Causes de la cécité. (Statistique de Trousseau, 1892). Sur 627 malades, il y a : *Maladies du nerf optique,* 132. (Atrophie non précisée, 44 ; d'origine cérébrale, 32 ; tabétique, 54 ; névrite optique, 3). — *Maladies de la conjonctive,* 125. (Conjonctivite purulente des nouveau-nés, 30 ; purulente de l'enfance, 55 ; purulente des adultes, 17 ; granuleuse, 24). — *Glaucome,* 66. — *Maladies de l'iris et de la choroïde,* 59. (Irido-choroïdite de cause intra-oculaire, 28 ; dues aux maladies générales, 17 ; choroïdite myopique, 14). — *Maladies de la rétine,* 57. (Rétinites, choriorétinites, 20 ; décollements non précisés, 13 ; myopiques, 20 ; traumatiques, 4). — *Traumatismes,* 54. (Causes diverses, 30 ; coups de mines, 13 ; brûlures, 10). — *Maladies congénitales,* 44. (Buphtalmie, 5 ; cataractes congénitales, 14 ; kératocone, 2 ; rétinite pigmentaire, 23). — *Maladies de la cornée,* 44. (Scrofulose, 21 ; rougeole, 8 ; variole, 14 ; fièvre typhoïde, 1. — *Cécité postopératoire,* 30. — *Ophtalmie sympathique,* 14.

Mais d'où qu'elle tombe, la nuit s'échappe de la mort. La mort est la dernière réalité de nos larmes et de nos deuils dans leur source naturelle. Les hommes nous font pleurer par leur injustice ; la nature par la mort.

Nous recevons la vie, cadeau prodigieux mais instable, qui anime la matière ; elle a en elle cette force étrange, l'âme qui l'éclaire, par laquelle elle se connaît, par laquelle elle souffre ; par laquelle aussi toutes les vies semblent vouloir se désirer, se chercher, se confondre, comme si l'équilibre idéal du monde était la communion parfaite de toutes; sans cesse elle nous pousse à l'union, fixant des liens définitifs, en nouant de plus passagers, mais toujours excitant notre ardeur à s'unir par cet appât, le bonheur, et la colorant par ce frisson, le sentiment.

C'est comme une grande ébauche de symphonie universelle, ardente, irrésistible, jamais conclue et qui tient le monde en suspens.

Et la mort est la force contraire qui disloque la matière, éteint la vie, arrache l'âme de son support et aussi des autres souffles auxquels elle s'était unie et qui la tenaient enlacée, et qui l'emporte loin des yeux, en un lieu ignoré. Et chaque attirance est contrariée, chaque union brisée, le sentiment est ulcéré, le bonheur étouffé et la grande loi harmonieuse et sereine s'efforce en vain, car la loi de mort et de douleur pèse sur la loi de vie.

II

Nous sommes enracinés dans le temps comme nous le sommes dans l'espace.

L'enfant naît; tandis qu'il sommeille encore, nous approchons du berceau; nous nous penchons sur cette chose toute rose, toute fraîche et qui semble pétrie de matière toute neuve. C'est une aube après la nuit première; les cloches teintent une matinale et nouvelle chanson; un être est sorti du néant; rien n'était avant lui; un monde va commencer.

Mais voici en quelque organe de ce petit corps naissant, une tare qui soudain nous ouvre les portes devant tout un passé méconnu ; voici devant nous les chaînes qui nous font un simple moment de notre lignée ; voici ce trait d'union, le germe ou plutôt le simple filament nucléaire, qui porte l'écrasant mystère de cette continuité ; voici cette vie passagère suspendue entre le flot des siècles accomplis et l'abîme des races à venir.

Ce souvenir des souffrances des temps morts est, sur les yeux, une empreinte discrète, mais pourtant parfois suffisante pour fermer l'arrivée du jour ; un trouble de la lentille de l'œil, un bouleversement plus ou moins apparent de sa trame, une dislocation de sa coque, voilà le triste cadeau aux aveugles-nés. Mais parfois l'atteinte est plus vaste ; c'est une déviation étendue dans le développement de l'être qui commence, une incohérence dans la loi de croissance, qui en fait non seulement un aveugle, mais un impuissant et un indifférent au monde.

Et le bronze sonore s'alourdit maintenant et vibre pesamment de tous les chants dont il a retenti dans le passé, rythmes de joie, saluts à la vie, carillons d'amour, plaintes et glas de tous ceux qui vécurent avant l'être qu'après tant d'autres il accueille aujourd'hui. Ses ondes, tantôt légères, tantôt pesantes et molles, ou bien déchirantes, tristes toujours, se propagent, planent, traînent, s'affaiblissent, s'éteignent ; mais elles revivront à l'aurore, au bonheur, à la mort de l'être nouveau qui continuera celui-là et ce chant à venir sera celui de tous ses aïeux parce que lui aussi portera le poids de leur vie et de celles dont ils sont issus.

Le long fleuve de vie, jailli des sources de la nuit lointaine, roule son flot homogène et lentement purifié, coulant d'âge en âge, fait de toutes les races enchaînées. Vers ce qui n'est pas encore, on le voit poursuivre en des rives brumeuses et il descend et se perd vers une mer inconnue qui l'attend pour l'absorber.

Nous croyons tenir notre destinée de l'heure où elle se révèle à nous à la minute où elle nous échappe, parce que c'est le seul moment où le regard de notre conscience puisse la saisir directement ; nous nous agitons ; nous la rengeons dans une voie que nous avons choisie pour elle et nous nous efforçons de l'y maintenir ; si elle s'écarte, nous nous accusons de légèreté ou d'impuissance ; si elle s'accomplit, nous nous flattons de l'avoir maîtrisée et nous oublions la force et la volonté qui sont en elle, que nous subissons et devant qui notre rôle le plus sage est seulement de chercher la forme la meilleure pour nous et la plus active d'une soumission résignée, car nous ne remuons pas le monde, mais nous modelons notre place en lui.

III

Il y a toujours, quand meurt l'un de nous et, plus encore quand tombent une série de victimes sous un fléau envahissant, une agitation plus ou moins anxieuse autour du cadavre, du désordre, des sanglots étouffés ou bruyants, des cris de douleur, une main glacée que l'on presse, un dernier regard, des prières, une bière qui se referme, des regrets, un souvenir.

Autour de la mort d'une parcelle de nous-mêmes, il y a la même agitation fébrile et anxieuse, de la douleur, des cris, un cadavre ; le même désordre, le même bouleversement dans la maison et au loin, les mêmes efforts contre le fléau s'il poursuit ses ravages, des corps à ensevelir, des tombes, un déchirement, des regrets, le souvenir ou l'oubli. Ici, tout cela se traduit par un mot : la maladie.

La maladie n'est que l'agitation intelligente ou affolée, les efforts autour d'un cadavre qui est en nous ; le fléau est, en général, envahissant, la mort s'étend ; mais la base même de la maladie est toujours la mort d'une parcelle invisible à l'origine, ensuite plus étendue, qui vient troubler l'ordre et la paix de tous les jours et l'on retrouve toujours le petit cadavre au sein du foyer en désordre.

C'est à cette agitation du dehors que nous assistons surtout quand nous voulons étudier ces sortes de drame qui se déroulent

dans notre corps ; car il ne nous est pas toujours donné d'entrer dans la chambre mor-
tuaire ni de contempler le cadavre. Nous
nous arrêtons donc devant ce tumulte, nous
écoutons, nous observons ; nous décrivons
les lieux où l'on s'agite, l'aspect de la demeure
ainsi troublée, ce qui s'y passe, qui a frappé
le mort, où chacun va, si la tristesse est sur
les visages, si l'on se consolera, si le calme
reviendra. Et dans notre enquête, rien ne
nous est indifférent car, en notre ignorance, du haut de notre trône de seigneur
avide, mais non invité, nous ne savons pas
si tel bruit, même isolé, n'est pas dû à l'âme
de celui qui s'en va et que seule, finalement,
nous voudrions connaître.

*
* *

Le drame qui va s'apaisant sur les ténèbres a un visage changeant et qui dépend du
point frappé par la mort et de l'arme qu'elle
emploie.

C'est quelquefois une lente et muette agonie ; on ne voit rien ; aucune plainte, aucun cri, mais le regard s'en va ; l'âme se détache peu à peu. C'est que tout se passe au dedans ; tout est étouffé. Mais, pour être silencieuse et voilée, la mort n'en est pas moins implacable ; la vue s'affaiblit ; le regard s'attriste, se tend vers la lumière, puis finalement s'éteint, sans que son visage ait perdu une seule ligne de ses contours ; mais on voit bien qu'il n'y a plus d'âme et que la vie s'en est échappée.

*
* *

Après un coup brutal, mouvement maladroitement employé, déclanchement soudain de ces forces endormies qui devancent le signal du réveil, le regard, jusque-là tranquille, ouvre le flanc et, béant, les entrailles au dehors, il s'affaisse en lutteur jeune et beau, touché à l'aurore du combat. Il se

relève ou se traîne, soude sa plaie, s'efforce
de retrouver l'architecture et la trame d'avant
l'orage, mais, dans sa cicatrice, il se rapetisse
et devient un moignon inutile.

Si un seul œil a été frappé, l'autre suffit
à la tâche, mais, par une destinée touchante
et qui s'appelle en propres termes « par
sympathie », il n'est pas rare que lui aussi
succombe, sans qu'on trouve à cette mort
d'autre cause que le regret de l'absent. Après
l'accident fatal, il vit dans la solitude, des
semaines, des années parfois, sans se plaindre ; puis, un jour, il fait mal, s'agite dis-
crètement, se trouble ; la torpeur le gagne et
il rend l'âme sans livrer le secret douloureux.

Ces deux frères, penchés sur le même
abîme, asservis au même joug, pliés au même
labeur, épris du même amour, qui font ensemble le même travail et qui ne font qu'un,
puisque le signal que chacun apporte se
confond et reste simple, ces deux âmes d'une
même vie semblent ne pas vouloir se survivre et, sur le cadavre de l'un, se couche

bientôt le corps défaillant de l'autre. Et l'on dit : Que se passe-t-il ? C'est le sang, les nerfs, les veines ou tout autre messager qui porte le mal de l'un à l'autre ; mais on ne peut rien affirmer de plus juste ni de plus poignant que ce souvenir mystérieux à l'âme du disparu.

*
* *

Parfois, l'œil succombe dans une affreuse torture ; cependant qu'un sourd ennemi le travaille et le mine, lui souffre, s'échauffe, se gonfle, devient vultueux ; du pus s'échappe peu à peu de toutes parts qui l'envahit et le ronge ; bientôt il est percé en plein cœur ; il rend son sang et ses eaux claires se mêlent aux liquides immondes ; il boit la vase empoisonnée ; il se tort dans des convulsions atroces. Ses couleurs sont profanées ; son azur baigne dans la fange ; sa neige limpide n'est que bourbe et sa pauvre âme immaculée se noit dans un fumier. Lui se défend en vain jusqu'au bout; dans sa défaite, sa forme prend des contours hideux; sa trame subit des mutilations horribles; si bien qu'au sortir de ces souillures, il ne restera de cet enfant du ciel bleu qu'un cadavre déformé, décharné, repoussant, que la paupière, comme d'un suaire, s'efforcera de voiler.

Et quand, plus tard, nos yeux se porteront invinciblement sur le visage de l'aveugle pour y chercher leurs frères à la place où ils devraient briller, ils ne rencontreront que cette chose flétrie et émouvante qui ne répondra à leur appel que pour évoquer les souffrances et la profanation passées.

⁎
⁎ ⁎

Voilà ce que peut apercevoir de ce drame un spectateur ému ou éloigné. Mais on peut approcher de bien plus près sa réalité; on s'applique froidement à la recherche par une patiente observation; on multiplie les postes et on spécialise la besogne de chacun ; on se débarrasse de l'inutile ; on discute les résultats et on pénètre aussi près que possible dans le mécanisme intime de cette agitation.

Le tableau que l'on trace alors, ce sont les maladies au point où nous en sommes aujourd'hui de leur peinture. On parle de cataracte, de traumatisme, de conjonctivite, d'atrophie optique, pour nous limiter au drame oculaire. Ces peintures sont du reste incomplètes, inégales, du reste passagères ; leurs divers traits s'y mêlent souvent sans union et sans unité ; mais il ne faut pas oublier qu'elles ne sont que l'effort qui a tiré peu à peu de la nuit tous ces visages obscurs et éclairé aussi peu à peu, au hasard des découvertes successives, leurs contours inachevés.

Tout cela se précise avec lenteur. Notre zèle est emporté par le désir et l'espoir de saisir la physionomie de cette mort elle-même, plutôt que le trouble qui naît autour d'elle ; quand nous en serons là, renseignés

sur le cadavre et son âme échappée, renseignés sur ce qui l'entoure, tout ce dont nous
nous aidons maintenant nous paraîtra vain,
car il sera facile, renversant les termes, pre-
nant la tâche par l'autre bout et refaisant la
route en sens inverse, d'imaginer, à la lumière
de la destruction initiale, toutes ses consé-
qu nces et tout le flux de désordres qu'elle
pourra engendrer.

La tâche serait plus parfaite encore si,
au lieu de poursuivre la mort dans les multiples points où elle se pose, comme autant de
fantômes différents et sans lien, nous pou-
vions éclairer le véritable visage de la grande
force malfaisante et, sous ses efforts à diver-
sifier ses traits changeants, connaître ce qu'il
y a en elle d'essentiel et de permanent.

IV

La mort, celle qui est prématurée, accidentelle, brutale, inattendue, ce naufrage incessant de la vie, dont nous voudrions saisir le secret le plus enfoui, ne nous semble encore être que la lugubre issue d'un voyage capricieux, sur des flots incertains et sans cesse ébranlés.

C'est surtout quand passe devant nous une de ces grandes douleurs de la vie physique, que nous sommes pris du souhait ardent d'approcher le sens réel, profond, définitif de ces arrêts de vie brutaux, comme nous étreint, en face de nos grands déchirements d'amour le désir de saisir l'énigme où nous nous mouvons et qui nous fait pleurer des larmes que nous ne comprenons pas. Mais notre pitié s'élance, oublieuse de la faiblesse de notre raison et, quand nous nous approchons et que nous penchons notre regard sur le lieu de la torture, notre cœur est impuissant à dissiper le voile qui masque le visage du bourreau sinistre et sans pitié, et nos pauvres yeux obscurcis ne discernent que des lignes éparses et des contours mobiles de ses traits.

⁂

La vie physique est ce drame : une lutte froide, inévitable, sans trêve, sans merci ; deux ennemis implacables et qui ne s'oublient jamais : la vie d'une part, et en face de la vie, tout ce qui n'est pas elle dans son unité d'être.

La vie, puissance dont la réalité semble d'être et de se maintenir ; force finale qui les résume, les contient, les utilise et les dépasse toutes ; à laquelle toutes paraissent soumises, qu'elles servent et qui paraît du reste comme une harmonieuse réunion, un équilibre coordonné et un judicieux emploi de chacune.

Force dont la réalité dans le temps, dont la durée est assurée par un jeu si surprenant, plié à des artifices si voulus, soumise à une loi si inévitable, à ce détour si étrange mais si fatal, l'ardeur au cadeau de vie, instinct vague dans la simple masse vivante, impulsion plus consciente et plus colorée chez l'être développé, souffle d'amour qui emporte l'être pensant, mais toujours désir irrésistible, geste le plus noble et le plus utile de toute une vie, parce qu'il est le gardien de la flamme qui ne doit jamais s'éteindre.

Force qui veut être, qui fuit la mort, qui est animée pour cela, qui a conscience d'elle, se ménage, s'occupe de l'avenir, choisit les

routes où s'apaise son inquiétude d'elle-
même ; force, la seule qui semble se préoc-
cuper de son maintien et de son meilleur
état pour une meilleure durée.

*
* *

Et puis, en face d'elle, comme pour se
jouer de tant de complexité, de foi en soi,
de précautions pour ne pas périr, de tant de
plans et de tant de machines à ne pas som-
brer, comme pour contredire et nous dérou-
ter, le plus prodigieux, le plus varié, le plus
perfide cumul de forces accumulées qui se
puisse concevoir, puisqu'il comprend tout ce
qui n'est pas l'être lui-même qui veille à sa
défense.

Tout être a pour ennemi tout ce qui
l'entoure. Forces inertes, matière trompeuse
dont il doit se garer, qu'il approche avec
prudence, qu'il utilise avec précaution parce

que, lasses de le servir ou mécontentes, elles se révoltent et écrasent d'un coup le maître fragile, en colosse soumis brusquement indocile et meurtrier.

Forces en mouvement, tout ce qui s'agite, tout ce qui tient l'équilibre du monde, tout ce qui le remue, tout ce qui prête à la vie une part de sa mécanique, qui peuvent la briser dans leur tourbillon si elle ne sait s'en garer.

Mais surtout la vie étrangère, êtres plus petits qui s'accrochent à lui pour l'aspirer et l'anéantir, êtres de sa race qui veulent sa place, êtres plus grands, êtres immenses qui s'emparent de lui, le soumettent et se l'attribuent sans merci. Chaque unité de vie se jette au hasard ou au gré de ses goûts sur la vie qui passe près d'elle, pour y chercher sa propre vie. La lutte s'engage ; l'issue se précise ; la mort de l'envahi est la vie de l'envahisseur ; son triomphe est la mort du téméraire ; mais il y a toujours un cadavre, comme toujours une vie plus affirmée.

*
**

Lutte évidente et qui est tellement le souci et l'occupation de toute être, qu'on pourrait la croire l'essence même de la vie.

Lutte incessante, le plus souvent silencieuse, défaite sans gravité, cadavre sans tumulte, mais quelquefois bruit et désordre, maladie, fléau sans digue, blessure sans cicatrice et mort dans le combat. La vie, malade seulement quand le danger s'étend, est toujours attaquée ; l'équilibre des forces, des morts trop réduites, c'est la santé qui n'est qu'une maladie continue mais silencieuse, une victoire constante, une vie qui submerge la mort.

Lutte étrange ou du moins incompréhensible ; voir une telle force si fragile ; la voir s'opposer à elle-même, elle, la plus certaine et la plus stable, la plus faite pour se maintenir ; voir que la vie est ce choc de deux flux contraires dont l'un doit étouffer l'autre; voir que la série des minutes, des jours, des siècles se passerait si paisible si la vie pouvait désarmer.

Qu'y a-t-il derrière cette incohérence mystérieuse et peut-être voulue? Loi passagère, marche vers un état plus stable, duperie de nos sens, calvaire expiatoire et douloureux, ou bien loi définitive et complète, souffrance, maladie, lutte et mystère éternels?

Harmonie! Elle nous paraît la grande loi de tout; elle hante les visions de nos rêves, elle semble planer sur les rives où nous voudrions aborder; nous l'appelons au dernier terme du monde et la raison se perd dans le chaos.

V

Mais, puisqu'il nous est impossible de connaître le sens réel du combat, pouvons-nous du moins en mesurer les forces et en prévoir les issues?

Ici, nous invoquons les Dieux de la guerre organique.

Les ennemis qui nous entourent sont bien toujours en force, toujours en éveil, toujours prêts à vaincre et de taille à nous anéantir.

Ce qui mesure notre salut, c'est plutôt notre prévoyance à les écarter ou à les affaiblir, notre réserve à les aborder, notre prudence à nous en garder, notre adresse à limiter toujours le combat puisqu'il est inévitable et constant, à réparer les désastres; notre énergie et notre sagesse à nous défendre quand l'attaque se fait plus pressante, notre courage et notre espoir quand nous sommes vaincus.

*
* *

Il y a des imprudences, des faiblesses qui sont comme des appels audacieux à la mort, des folies héroïques et insensées, qui tiennent au rôle même que tout élément de vie s'est donné de remplir pour servir l'être qui le contient et qui l'exposent en un généreux oubli de sa propre sécurité.

Voyez l'œil si fragile, si vulnérable; il est victime de sa folle témérité; victime de son amour pour la lumière qui le fait s'avan-

cer vers elle, jusqu'à la toucher, en pleine
zone dangereuse de flèches et de mort, le
flanc nu, sans cuirasse, comme un guerrier
insouciant vers la vierge désirée; victime de
la forme même de l'énigme immatérielle qu'il
doit saisir, femme endormie qu'éveillera seul
un pur chevalier, souffle qui ne se fixera en
lui qu'autant qu'il gardera une limpide transparence et pour qui toute blessure, même
fermée, est une barrière; victime de la délicatesse, de l'arrangement minutieux de chacun
de ses éléments, de l'ordre harmonieux de
sa trame qui se bouleverse au moindre choc;
du besoin de l'intégrité parfaite de tout l'organe que quelques cellules déplacées ou
malades peuvent rendre indifférent ou inutile;
victime de l'équilibre prodigieux et de la
mécanique raffinée qui entraîne tous ses
mouvements; de ses attaches intimes avec la
vie du dedans, qui ouvrent vers lui la voie
des désordres troublant l'organisme tout
entier; victime de la servitude au maître, de
l'oubli de soi pour le devoir, du rôle étroit
qu'on lui impose et qui n'est pas le sien, à lui,

né pour la distance et l'infini et que l'on
courbe sans merci et souvent sans relâche
vers un espace ridiculement réduit, peuplé
de formes rapetissées et minuscules qu'il doit
minutieusement recueillir; victime du labeur
colossal qu'il accomplit sans se plaindre, de
tant de veilles où il se penche, juqu'à l'heure
tardive, sur quelque travail mal éclairé par
la lampe endormie des soirs qui se prolongent;
victime de tant de formes, tant d'idées, tant
de raison, tant de pensée, tant d'univers fixés
en lignes, en lettres et en chiffres qu'il doit
engouffrer et dont on le gave; victime de
tout ce qui passe, de tout ce qui flotte, des
ennemis cachés qui dorment en lui, des invisibles qui planent dans le vent, des perfides
qui nagent dans le sang qui l'abreuve; de la
matière qu'on veut soumettre, qui gémit et
qui se révolte; victime de tout ce qui n'est pas
lui, de tout ce qui n'est pas les timides pau-
pières derrière lesquelles il s'abrite, de tout
ce qui n'est pas le souci que nous avons de
lui, le secours que nous lui portons et le
baume qui endort ses blessures; de tout ce

qui n'est pas surtout sa loi d'être, sa force de vie qui sans cesse fait face à l'ennemi et dépense son inépuisable zèle et sa prodigieuse science du combat contre toute cette mitraille.

*
* *

La force de vie, voilà la divinité qui anime et mène presque toute la lutte. Elle est invisible et vague, comme en ces camps homériques où elle descendait de son trône pour décider de la victoire, mais on la sent présente et maîtresse du destin et les meilleurs héros succombent si elle les abandonne.

Cette résistance à mourir, c'est la vie tout entière qui défend son souffle; c'est une puissance qu'on ne peut pas exprimer dans sa forme la plus haute mais qui se fixe et se précise et se rapproche de nous sous ces visages plus positifs et de réalité croissante qui sont la réaction cellulaire, la défense réflexe, les décisions instinctives et la défense raisonnée.

Tout être un peu complexe a un véritable flot de lutteurs, chargés de veiller à la garde des frontières ou du pays envahi, et choisis parmi ses éléments adaptés; ils se mobilisent et se déplacent sans cesse et se portent en foule aux points les plus menacés; ils ont des mœurs guerrières et des armes étranges, sur lesquelles le jour commence à peine à se faire; ils capturent l'ennemi, l'étouffent et le mangent au besoin, ou bien ils infestent les lieux et l'empoisonnent à distance, non sans avoir auparavant discuté les goûts de la victime et préparé tout spécialement, après de longues recherches, le breuvage de mort le plus infaillible.

*
* *

Chaque organe veille en plus à sa vie par toute une tactique rapidement conçue et exécutée et qui le gare de l'ennemi; tous ces mouvements de défense, quels qu'ils soient, d'une précision et d'une instantanéité qui ne s'embarrassent ni d'hésitation, ni de réflexion apparente, nous paraissent automatiques, sans doute parce que nous nous mouvons avec trop de lenteur pour concevoir et accepter un pareil esprit de décision ; mais il est bien surprenant de voir que ces attitudes de salut si subites sont toujours mieux choisies qu'au contrôle d'un jugement indécis, raisonneur, hésitant ou finalement maladroit. L'œil qui possède peut-être au plus haut degré le sens de ces réactions surprenantes, à la moindre alerte, immédiatement averti, fait sa parade par un déclic instantané, d'un jeu pourtant fort complexe, mais d'une souplesse étonnante et que nous déclarons mécanique et spontané dans notre impuissance à y trouver quelque défaut qui le rendrait plus compréhensible et plus parent de nos moyens bornés.

*
* *

Plus vaste encore et plus saisissable existe en nous cette sagesse instinctive pour défendre toute notre personne, à ces minutes brèves et décisives où la menace du danger imminent tient l'émotion et la vie en suspens. On la voit surgir alors pour nous tirer d'embarras, lorsque le choc est encore évitable mais que seule une décision soudaine, et pourtant réfléchie et juste peut nous sauver.

C'est la forme la plus réelle de ces souffles guerriers inconscients, émanés de la déesse protectrice qui est en nous, déroutante de dévouement, de sagacité et aussi de réserve humble dans son attitude.

VI

Mais voici que les hommes veulent s'asseoir au conseil des Dieux et prendre part aux délibérations qui règlent l'issue du combat.

Il faut avouer que leurs discours, toujours empreints d'une noble et louable chaleur, le plus souvent avisés, sont parfois encore hésitants, balbutiants, souvent, du reste, peu écoutés. C'est qu'ils n'ont pas été initiés, comme les membres du puissant conseil, au mystère même et au mécanisme secret de la lutte. Ils ne savent que ce qu'ils en ont appris peu à peu, soutenus par l'ardeur de comprendre et d'agir, à la lumière d'une lente expérience ou d'une raison à peine assagie d'hier. Pourtant, ainsi renseignés, ils ont pu édifier un code riche en préceptes d'une sage tactique et, maintes fois, dans les cas douteux ou même désespérés, décider de l'issue heureuse.

*
* *

Notre action la plus rapide pare aux luttes déclarées et pressantes et porte sur le lieu même du combat où l'on fait agir les substances ou les forces qui vivifient l'individu ou détruisent l'ennemi. C'est la dernière barrière que l'on oppose avant les ravages irréparables.

Mais on peut agir d'une façon plus anticipée, avant tout éveil du mal; on dépiste dans l'individu toute cause assoupie et on la combat. On recherche, en dehors de l'individu, en plein milieu social les foyers où pullulent ces dangers encore inactifs et l'on s'efforce d'arrêter les courants, d'ébranler les habitudes qui favorisent leur fortune insouciante.

Ce sont ces deux tendances qui dirigent nos efforts contre la cécité; la première arrête le mal bruyant; l'autre va à sa recherche et le détruit à la place même; c'est là le sens de la lutte qui se poursuit depuis quelques années seulement contre ce fléau, l'ophtalmie purulente et qui, déjà, semble menacer sa funeste vitalité. Ce sont là aussi nos deux premiers devoirs envers le regard en danger.

* *

Nous voilà donc peu à peu munis d'armes plus redoutables contre le mal et voici notre part de plus en plus active dans le combat. Pourtant, il ne semble pas que la puissance de vie, qui est la vigueur profonde de la race se soit beaucoup fortifiée depuis les temps nébuleux et pourtant proches où la nature était presque seule maîtresse du sort. C'est que tous ces efforts, pour savoir et pour agir, tous ceux aussi accomplis dans les autres domaines où partout nous voulons attaquer le monde, prendre part active et commander, tout cela nous a affaibli par l'excès du labeur même, par les dangers dont nous nous enveloppons et qui éclatent, par ce fol mais irrésistible enivrement à tourbillonner avec la matière qui nous entraîne dans ses régions redoutées, par une dépense irréfléchie de notre ardeur et de nos forces dont nous n'écoutons pas les plaintes sourdes et qui succombent de s'être trop données.

L'équilibre de la victoire et de la défaite semble être le même que celui des siècles passés; la lutte est seulement devenue plus chaude; et la place finale, qui est un champ dévasté, jonché de cadavres, reste aussi désolée.

Est-ce mieux ainsi ce monde d'aujourd'hui qui fermente, bouillonne, qui s'élance et retombe quelquefois? Il est peut-être inutile de se le demander; dans cette évolution, il ne s'agit, sans doute, qu'un de ces courants à destination inconnue, qui nous entraîne comme une loi de notre marche, sur lequel nous n'aurions certainement pas pu ne pas nous engager, même avec un consentement universel, où il est impossible de nous fixer aujourd'hui, et qu'il serait plus impossible encore de remonter. Bornons-nous à le suivre et à tenir la rame au mieux de notre équilibre de tous les jours.

*
* *

Et, dans ce combat, auquel nous revenons, quand toutes les forces ont donné leur élan, il reste encore une part de doute sur l'issue définitive; c'est celle du hasard des batailles qui n'est que notre ignorance des conditions proches ou lointaines et qui nous entraîne dans sa marche, sans doute seulement capricieuse parce que nous ne la comprenons pas.

*
* *

Maladie, mort.

Sur nous plane l'orage dont le ciel est sans cesse obscurci, qui gronde et s'abat aux jours mauvais. Les vents viennent on ne sait d'où et vont on ne sait où; ce sont des horizons où notre raison s'égare.

Les uns paraissent surgir et tournent en nous, d'un choc que nous avons imprudemment ou inconsciemment porté.

D'autres se sont glissés au milieu même des hommes, où ils rampent en courants empoisonnés. De ceux-là, les uns passent en un silence trompeur, parfois même murmurant une douce chanson, semblables à ces filles des eaux qui attirent l'égaré et le captivent sur leurs seins perfides et nus; ils nous frôlent, nous prennent et nous encerclent; les autres d'abord assoupis, mais attisés par l'incurie ou l'ignorance s'échauffent et s'enflamment soudain; ils s'élèvent en couronnes de feu et le brasier passe de main en main : c'est là le multiple mal social.

D'autres sont des souffles très doux; du reste, ils sommeillent depuis on ne sait combien de fois cent ans; ils dorment dans la vie de l'être, comme ils dormaient dans le germe qui l'a engendrée, comme ils dormiront dans celui qui la continue, à peine éveillés par la secousse qui les perpétue; c'est la lente maladie de la race; jusqu'au jour où, par un caprice, ils jugent le moment venu de leurs ravages; leur torpeur se dissipe; ils montent peu à peu et, de germe en germe, ils ont consumé la dernière flamme de la vaste lignée qui les abritait, apaisés, dans ses flancs.

Et tout cela s'en vient de profondeurs ignorées, tourbillonne, et repart pour un but inconnu, perdu dans l'espace des collectivités d'hommes ou le temps des générations. Mais, pendant que l'orage tourne sur nos têtes, s'élèvent des montagnes mouvantes de poussière et de feu qui s'écroulent, retombent et ensevelissent, et d'autres s'élèvent encore et mille et mille hommes périssent sans cesse. Mais cent travaillent au pied du fléau à construire lentement la digue et cent autres ensuite et travailleront tant qu'enfin, le faîte de ce mur de vie viendra peut-être un jour au faîte de la montagne de mort.

III

DANS LA NUIT

DANS LA NUIT

I

Dans la nuit terrible, profonde, glacée,
éternelle, arrivent sans cesse des hôtes nouveaux, êtres au berceau, qui n'auront pas
connu le jour, enfants, hommes en pleine

Données statistiques concernant le nombre et
la répartition des aveugles : *En France,* au recense-
ment de 1876, 28.494 ; en 1883, 31.966 ; en 1901, 27.107 ;
soit une proportion de 8 aveugles pour 10.000 habi-
tants. Les départements les plus atteints sont : la
Corse, le Calvados, la Manche et la plupart des
régions côtières ; le Rhône, la Gironde, la Seine le
sont le moins.

En Europe. (Carreras Arago) pour 10.000 habi-
tants ; *Suède,* 8.05 ; *Allemagne,* 8.07 ; *Russie,* 9 ; Italie ;
10 ; Espagne, 11 ; Norvège, 13,6 ; Finlande, 22,4
(influence du trachome).

Au total, 300.000 aveugles environ pour l'Europe
et 2 millions pour la totalité du globe.

vie, vieillards au seuil du tombeau ; les uns, insouciants et joyeux, à peine interrompus dans leurs jeux ; les autres, terrassés ; les derniers sans autre désir ou espoir que la mort.

Ils ont franchi ce Styx des vivants ; ils s'avancent dans le royaume de l'ombre ; ils hésitent, ils errent en tâtonnant ; puis, bientôt, ils se plient à leur nouvelle loi ; ils se mêlent à leurs frères et le malheur commun crée le lien entre eux tous.

C'est comme une arrivée de bannis en un triste lieu d'exil, sous le décret d'un tyran injuste, sur une terre qu'ils ne quitteront plus et peuplée de captifs enchaînés.

Dans ces ténèbres, on a perdu ou on ignore les splendeurs de la lumière ; le monde de ces condamnés se réduit à ce qu'ils peuvent entendre, sentir, toucher, mais il ne s'étend pas au delà de leurs propres mouvements et l'espace de ténèbres qui les entourent et se déplacent avec eux ne dépasse pas ce que leurs bras hésitants peuvent chercher

et mesurer. La triste loi de ces êtres est de
vivre au sein du jour sans le connaître et sans
y rencontrer jamais les beautés ou les ressources qu'ils sentent le peupler et dont
usent et se réjouissent les autres vivants ;
leur supplice est tout à la fois d'ignorer la
grande merveille et de souffrir à chaque pas
par ses dons mêmes qu'ils ne peuvent saisir
et qui s'opposent à eux comme des obstacles
dans leur univers obscurci.

* *
*

Et cette lugubre loi pèse sur eux de tout
le poids de l'irrémédiable. Ils n'ont même
pas cette illusion vague et bienfaisante que
nous conservons toujours, jusque dans les
plus grandes douleurs et que nous n'aban-
donnons qu'au terme de nos souffrances.

Si grands que soient nos malheurs, nous
espérons toujours une fin ; il n'y a pas de

condamné qui n'attende quelque pardon, pas
de prisonnier qui n'espère un jour s'échapper;
aucune bête captive, enfermée derrière les
plus épais barreaux et si loin qu'elle soit de
sa forêt, ne cesse, jusqu'à sa mort, de flairer
le rempart de fer, d'en mesurer les espaces
de jour et d'attendre la négligence des hommes, soutenue dans son espoir par on ne
sait quel désir conscient ou quelle impulsion
atavique et, pas une minute, son regard
perdu et lointain n'oublie le pays et la race
où vont ses rêves de délivrance.

Mais quelle négligence du destin l'aveugle
peut-il attendre? Quand on le laisse aborder
sur cette terre, c'est que l'infirmité a échappé
à tout miracle des hommes. Il sait bien que
jamais il ne reverra le jour; que, s'il veut
être sage, il doit lâcher tout espoir de faire
le pas qui le ramènerait parmi nous, en deçà
du voile et que la seule issue de ce premier
tombeau sera l'autre tombeau avec l'autre
nuit, celle qui nous prend tous et qui ne finit
jamais.

*
* *

Toute cette nuit n'est qu'un long cri douloureux; c'est le cri de toute blessure aux heures tragiques de la vie.

Quand le coup ouvre l'entaille sur la chair palpitante, on pousse le cri déchirant. C'est l'éclair qui passe et qui brûle et qui laisse anéanti; on chancelle, on n'est plus soi-même; on ne sait pas ce qu'il y a en nous ni pourquoi souffrir comme cela; on sent quelqu'un qui détruit ce que l'on est, comme un bourreau qui marque pour toujours; pour se retrouver dans ce vide et cet écroulement, on cherche, dans ses gémissements, ce que l'on fût et ce que l'on sera désormais : on n'est plus ce que l'on était, on n'est rien encore de son avenir déchiré; on est à la fois sur les deux abîmes et on les peuple de ses pleurs et de ses cris.

Les jours passent et on se retrouve, diminué.

La plainte devient étouffée et muette; elle donne à la vie de tous les jours et à l'être qu'elle ronge sa teinte sombre de mélancolie durable. Elle ne pleure pas au dehors; elle ne demande pas qu'on la console; elle se détourne même de vous; vous la devinez à peine. Mais elle part d'une plaie profonde, sans cicatrice, toujours ouverte, toujours saignante; le rire et la joie peuvent bien animer son visage; ce n'est qu'un masque; l'âme reste douloureuse et, si vous cherchez ses traits profonds, vous les trouverez partout sanglotants : elle pleure dans ses gestes tranquilles et résignés, dans son regard éteint, mais qui parle encore; dans le sourire que vous provoquez et qui meurt sur les lèvres à peine entr'ouvertes; elle pleure dans les minutes de bonheur hésitant; elle pleure surtout dans les heures où le malheureux s'isole et où plus rien n'empêche le sang et les larmes de couler. Quelquefois, vous faites gémir celui qui vous la cache; d'un mot imprudent ou voulu, vous avez violé le foyer secret qui l'abrite et remué les cendres qu'il croyait n'appartenir qu'à lui.

Nous portons tous en quelque coin de nous une tombe inoubliée et il n'y a pas une gaieté qui ne cherche à se tromper elle-même en s'efforçant d'être pure et radieuse; aucune de nos joie ne s'envole et ne nous emporte avec elle, parce que toutes sont enchaînées à cette terre cachée où nous allons par instant pleurer.

Mais il y a des heures mornes où ce cri prolongé et assourdi se ranime et éclate.

Oh! ces moments de détresse qui passent dans la vie de l'exilé.

Dans la secousse bruyante du jour, le flot de labeurs, de peines, de fatigues, noie et emporte dans l'oubli ces ombres assoupies. Mais il y a des minutes où le courant s'arrête : un vide, un trou et l'âme s'y précipite. On ne sait pourquoi, un rien : un rayon de soleil qui se voile, l'air plus accablant, un chant douloureux qui a passé, une plainte, un cri, une image égarée au caprice des souvenirs;

quelquefois une trop grande lassitude de souffrir, le niveau débordant de nos peines.

Et le gouffre s'ouvre et l'on ne voit que lui; il aspire tout, désirs, joies, raison, volonté, vigueur de vivre, jusqu'à la dernière étincelle d'espérance. Alors la caverne de nuit et de douleurs que nous nous efforçons de tenir close en notre âme des jours radieux, lâche ses portes et se précipite un torrent de vide, de noir, de désespoir qui submerge tout et nous sombrons en plein néant. La pauvre âme des heures de raison se raidit en vain, cherche à saisir ses appuis tout à l'heure encore inébranlables qui se dérobent maintenant en un brouillard fuyant. Et, comme en un tourbillon de rêve où l'on s'engloutit, la pitoyable naufragée se perd en sourds pleurs, en torture du bonheur perdu, dans le néant et dans la mort un instant entrevue.

II

Ceux qui sont frappés avant de naître n'auront donc jamais reçu aucun contact de la lumière; ils arrivent au monde le regard mort et les yeux clos.

Nuit première sans commencement; nuit passagère; nuit suprême sans fin. Ils naissent, passent, meurent et les ténèbres de la vie montent de celles des entrailles et se poursuivent dans celles de la mort.

Quelle secousse d'être informe les agite
quand le regard tombe ainsi dans le sein de
la mère? Si cet amas de parcelles de plus en
plus vivantes, l'être en formation, a ce confus
avertissement que, de quelque chose qui
nous paraît être le néant, il devient ce prodige,
la vie, a-t-il aussi un confus malaise au signal
de ce premier coup de la mort, qui sera son
malheur avenir, la nuit?

L'a-t-il surtout à l'heure où cette vie, jusque-là captive et soumise, rompt ses chaînes,
bat librement de son propre cœur, s'anime
de son propre souffle dans de l'air qui flotte,
va s'accroître de sa propre force et pousser
au monde qui l'accueille son premier cri
triomphant? A cette minute, la lumière était
la grande merveille attendue. Il avait tout
jusque-là : le plaisir et la douleur, le mouvement, l'air bouillonnant et la matière généreuse répandus dans le sang rutilant de la
mère, du contact, du bruit sans doute, des
musiques peut-être, la vie en un mot, vie
silencieuse, vie tributaire, mais vie pourtant.

Seuls ses yeux étaient clos dans l'attente.

Mais l'heure approche; assez de cette tutelle; il s'agite; les entrailles fécondes gémissent de douleur; les liens se rompent; la prison s'ouvre; il s'échappe, il va voir le jour.

Et c'est tellement la fête de la lumière, c'est tellement le premier appel et le moment solennel du premier baiser à la clarté qui se révèle que, venir à la vie, venir au monde et voir le jour sont les mêmes aveux imagés qui traduisent cette aube soudaine de tout être naissant.

Lui viendra à la vie et au monde, mais à la nuit et au cachot.

*
* *

Ceux qui tombent aux premiers jours de la naissance sont aussi des aveugles-nés.

Ce sont les victimes de l'ophtalmie purulente qui se propage à la sortie du sein de la mère, mais qui reste silencieuse quelques jours avant de porter le désastre irréparable.

Mais dans ce court espace de vie condamnée, le regard aura à peine connu la lumière; il n'aura donné d'elle qu'une de ces impressions passagères et trop fugitives qui inondent le cerveau de l'enfant et qui ne se fixent en lui qu'autant qu'elles se sont long-temps répétées. Et le souvenir n'en gardera aucune trace, consciente ou assoupie.

***

Voilà donc des êtres qui seront plongés dans une nuit qui n'aura aucun sens pour eux, parce que la nuit ne se conçoit que par le jour.

Ils ignorent ce que c'est que clarté, nuit, ténèbres, tombeau; mais ils savent cependant, à l'entendre dire, qu'il leur manque quelque chose que les hommes nomment avec admiration, qu'ils sentent jaillir pour les autres comme une source de joie et de vie, qui est autour d'eux, qui n'est pour eux qu'un nom, qu'ils cherchent en vain à imaginer, mais qu'ils vénèrent cependant, dans leur impuissance à la connaître, comme une de ces déesses invisibles, impalpables, inconcevables, que l'on ne voit ni dans le temps, ni dans l'espace, mais que l'on sent être partout et à qui une foi naïve prête un corps et des formes pour mieux la saisir dans son adoration.

*
* *

La mort prématurée du regard, chez l'enfant qui a grandi, équivaut presque à la nuit apportée en naissant. Quelques années de lumière ne suffisent pas à laisser des traces conscientes durables.

L'enfant frappé en bas-âge a encore pour la lumière un insouciant dédain ou, du moins, une indifférence innocente. Il poursuit sa vie dans la nuit sans regret, sans effort pour la peupler, pendant qu'il serait temps encore, de souvenirs de ses années de clarté; peu à peu devant ce mépris, elle se détache de lui et, dans sa vie d'adulte, presque rien n'en subsistera.

Seule, la région du subconscient, la zone des rêves abritera la mémoire endormie du trésor perdu et, longtemps encore, dans son sommeil, à ces minutes où l'âme se dédouble et où montent, des bas-fonds assoupis, des ombres inconnues ou incertaines, longtemps passera, en traits de lumière et de feu qu'il ne pourra saisir, l'image, une seconde avivée de l'enfant qui regardait le soleil.

*
* *

Tous, bien qu'ignorant la lumière, souffriront du regret de l'inconnue. Ils lui ont donné en eux un visage; ils la savent belle et captivante et, si endormi que soit leur désir, si caché aussi qu'ils le tiennent, il s'éveille quelquefois et les rend malheureux.

Au festin, ils seront toujours des convives délaissés et qui ne l'ignorent pas; les breuvages passent; ils goûtent à la plupart; un seul leur échappe, le meilleur. Ils ne le connaissent pas, c'est vrai; mais ils le savent exquis; du reste, leurs voisins ne leur laissent rien ignorer du plaisir qu'ils ont à s'en réjouir et ils entendent même leurs exclamations de joie, cependant que la coupe passe loin des lèvres avides.

Quelle torture veut-on plus certaine?

———————————

III

Les aveugles qui tombent au cours de la vie, entrent sur la terre nouvelle l'âme chargée de souvenirs et de regrets. Ils laissent derrière eux la suite plus ou moins longue de leur passé de lumière, et devant eux se dressent les ténèbres d'avenir. La chute est un choc qui les étourdira et dont ils devront d'abord se remettre avant de poursuivre sur la route obscure.

Il y a dans la vie des yeux, en dehors des risques journaliers qui la menacent, des moments où le danger s'accroît; ce sont comme les phases critiques des organes, comme des points d'équilibre à franchir et d'où le regard sortira indemne ou meurtri.

C'est que les mêmes conditions de vie appellent les mêmes périls, attisent les mêmes maladies et, finalement, semblent jeter une apparence d'unité dans la marche du fléau capricieux.

C'est par ces raisons sociales, individuelles, organiques, évolutives, d'apparition à peu près fixe, que les adultes en pleine puissance, que les vieillards à l'âge de déclin et de lassitude de leurs tissus de vie sont les victimes d'affections oculaires qui sont la menace de ces deux âges et qui peuplent le royaume noir de leurs coups lugubrement cadencés.

Influence de l'âge sur la cécité. — 1º *Statistique* établie chez les pensionnaires des Quinze-Vingts (Trousseau). — Sujets devenus aveugles à la naissance, 6; de 0 à 1 an, 4; de 1 à 10 ans, 15; de 10 à 20 ans, 10; de 20 à 30 ans, 12; de 30 à 40 ans, 29; de 40 à 50 ans, 26; de 50 à 60 ans, 25; de 60 à 70 ans, 6; de 70 à 80 ans, 1 ;

2º *Statistique* de l'Ecole Braille (Trousseau). — A la naissance, 45; de 0 à 1 an, 110; de 1 à 5 ans, 57; de 5 à 10 ans, 15; de 10 à 15 ans, 2.

Sexe. — Sur 3763, masculin, 2291 soit 60 %; féminin, 1472, soit 37 %.

*
* *

Voilà donc des hôtes nouveaux, la plupart victimes des mêmes coups aux mêmes heures, et tous encore émus des caresses de la lumière, qui reste, pour eux, le trésor perdu, comme un morceau de leur âme envolée, la série des joies ou des douleurs de la veille, tout ce qu'ils n'auront plus; qui sera aussi leur nuit, leur détresse et leur tombeau et toujours le don généreusement accordé et brutalement arraché.

Ils sont semblables à ces condamnés qu'un verdict implacable a désigné pour le supplice, mais qu'on a voulu réjouir, avant l'heure décisive, de tous les charmes qui vont leur être ravis. Ils ont reçu l'abri au palais de la destinée, ils ont visité ses trésors; ils ont joui de ses richesses; l'hôte lui-même les guidait avec sourire comme si nulle fatalité sinistre ne pesait sur leur tête. Le jour venu, un

bourreau impitoyable vient les quérir; il leur
signifie l'arrêt, les enchaîne et les conduit
lentement, au milieu d'une foule que leur sort
semble laisser indifférente. Eux suivent,
anéantis, la route longue qui les mène à
l'abîme où on va les précipiter et, sur le
lugubre parcours, tour à tour on les voit
sonder, de leurs yeux obscurcis, le gouffre qui
plonge devant eux, ou bien, se détournant
éperdus, tendre désespérément leurs bras
suppliants vers les splendeurs qu'ils aban-
donnent et qui déjà se voilent et disparaissent
dans la brume qui monte à flots.

*
* *

Le malheur et aussi le devoir des aveugles
atteints en pleine sève est de vivre deux fois
sur deux terres différentes.

Ils arrivent dans le monde qui est le nôtre;
ils en deviennent, au prix de tous les efforts
qui sont la loi de la vie, les hôtes reconnus,
avertis, attachés. Puis les voilà brusquement

et sans appel transportés en un monde nouveau, inconnu, d'ailleurs plus froid et plus borné, où tout est à recommencer. Il faut oublier l'expérience passée et s'y mouvoir tout autrement; il faut forger d'autres armes, suivre d'autres voies. Mais ils repassent, dans ces débuts d'une enfance qui se répète par les mêmes étonnements naïfs, les mêmes avertissements au prix des mêmes douleurs une deuxième fois ressenties; ils ont les mêmes hésitations; ils font les mêmes fautes, accomplissent les mêmes progrès à la recherche du même bonheur; puis, finalement, sont récompensés par la même connaissance de ce monde et par la même sagesse prudente. Ils savent seulement, tandis qu'ils s'efforcent au but nouveau, que, s'ils ont les mêmes peines, les joies en seront moins colorées.

*
* *

Ce bouleversement est la douleur même de l'aveugle qui a vu. Il n'y en a pas ailleurs d'aussi essentielle ni d'aussi profonde.

Nos douleurs sont des déchirements de l'âme qui sent et de l'âme qui aime; ce sont des séparations cruelles, des chutes de niveau inévitables et malheureuses, et, si l'on excepte la maladie destructive qui n'est qu'une mort incomplète et anticipée de notre corps, nos calamités sont des changements brutaux dans nos rapports avec nous-mêmes ou avec ceux qui nous entourent.

La perte de la vue touche l'homme dans ses rapports avec l'univers; c'est une rupture de cette communion première, une atteinte aux principes de sa connaissance acquise; l'oubli à réparer d'une face péniblement conçue du monde, toute une lacune enfin, brutalement creusée dans notre œuvre d'être cosmique.

Plus terrible que la simple douleur qui n'est qu'un tumulte en une contrée du moi sentant, un ébranlement pénible de ce moi, mais non la destruction d'une zone indispensable de notre moi conscient et pensant.

*
* *

Les vieillards ont trop de passé derrière eux et les heures qui restent à sonner sont trop mesurées pour qu'ils cherchent à avancer dans les ténèbres. C'est un pas vers la mort qu'ils attendent en gémissant ou avec une indifférence sereine.

Heureux, ceux qui, dans ce premier silence, peuvent remuer en paix, de leur mémoire alourdie, les cendres d'un passé sans amertume et s'en remettre, sans être émus, au temps qui pousse l'avenir inévitable.

*
* *

Tous ceux-là, vaincus du destin en cours de route, emporteront, comme en un miroir fixé et précieux, l'image de tout ce qu'il aura reflété avant qu'un voile ne lui ferme le monde et ils veilleront avec amour qu'aucune ombre ne le ternisse.

Au coin de terre où dormira un passé qui fut une partie d'eux-mêmes, ils viendront souvent prier. A leurs heures de souffrances, ils lui demanderont le parfum douloureux des choses ensevelies; ils revivront avec elles; ils se lamenteront avec leurs peines éteintes, ils se réjouiront avec leurs joies évanouies. Ils remueront le sol où dort la lumière, que s'en échappe l'oubli; ils le cultiveront, que l'esprit du mort veille sur les vivants.

Puis viendra le jour où, las de pleurer, captif vieilli, leur corps glacé descendra dans les grandes ténèbres mystérieuses et sans fin, où l'âme prendra les routes inquiétantes de l'au delà. Alors, vers quelque astre radieux, principe de toute lumière, traçant son orbe de feu dans un infini resplendissant, source inépuisable de clarté rayonnante et divine, montera leur âme pour se mêler à lui, dans cet univers empourpré où s'envolaient ses rêves de captive, comme il est juste que nous nous confondions pour l'éternité avec ce que nous avons beaucoup aimé et beaucoup prié.

IV

La nuit n'est pas pour tous les aveugles aussi complète; absolue pour les uns, elle s'anime pour les autres d'une clarté plus ou moins hésitante.

L'amour des yeux pour la lumière est immense; c'est l'amour du corps pour son âme, de la matière pour la vie et de nous-mêmes pour être encore. Quand ils se sentent frapper à mort, ils luttent en désespérés pour ne pas périr tout entier et pour sauver une dernière flamme de vie qui luira, au sein du cadavre, aux heures de calme éteignant peu à peu l'orage fatal épuisé. Si bouleversés qu'ils soient, si informes et méconnaissables qu'ils deviennent au sortir de la lutte ardente, s'il reste en eux la plus petite parcelle de matière encore animée de souffle, le moindre souvenir de son âme épargnée, ce coin de vie s'exaltera par dessus toute cette mort, enflera ses désirs, doublera son ardeur; il cherchera et trouvera la lumière et, si faible et si précaire que soit le rayon captif, si déformé et si vain qu'il le dépose aux pieds du maître anéanti, il n'abandonnera la tâche et ne se décidera à mourir tout entier que lorsqu'il sera bien sûr qu'est tarie en lui la dernière goutte d'espoir utile et de vie sacrifiée.

*
* *

Quand tout est bien mort dans les yeux et surtout, quand les yeux ont été enlevés des orbites, c'est la nuit : nuit sans lune, sans étoiles, celle où il n'y a rien et qui ne se définit pas, tandis que flotte autour d'eux la clarté insaisissable, comme courent autour du voyageur égaré sur quelque route hantée des esprits ténébreux, ces filles de la nuit qui passent et sourient sans apparaître, qui menacent, supplient, attirent, qu'on croit saisir, mais dont les lèvres ne se posent jamais.

D'autres emmurés ont le sens d'une lueur hésitante ; la déesse les frôle, ils la devinent.

Pour d'autres enfin, la réalité du jour est tout à fait certaine ; parfois même des contours et des formes se dessinent. Certains sont au seuil du tombeau et nous qui voyons, nous ne savons souvent s'ils sont encore parmi nous ou dans l'autre royaume. On hésite surtout quand on s'inquiète de les secourir et qu'on se demande alors vers quel rive les entraîner, celle où l'on tient soi-même ses rames, ou bien celle où le pilote généreux veille au sort de ses passagers impuissants. Mais, ce que nous pouvons faire dans tous ces cas, plutôt que de nous le

demander trop sévèrement, c'est laisser autour d'eux ou approcher même les joies de
ceux qui voient et les entourer de la même
pitié que leurs frères malheureux.

*
* *

Chez tous ceux-là, qui voient un peu, le
dernier souffle de vie et de lumière sauvée du
naufrage crée, suivant sa vigueur, des classes
de déshérités; mais, quelle que soit la lueur,
timide ou tremblante, ou bien vivante encore, tous s'y attachent et la bénissent comme
la relique la plus chère du trésor qui leur a
échappé. Elle est pour eux tout l'azur qu'ils
gardent de la grande mer immobile et bleue
dont le fond se perd au zénith et où nos yeux
qui voient montent enivrés.

V

Lente et terrifiante agonie de la vue,
angoissant départ de cette âme, la lumière !

Un malheureux est frappé en pleine vie,
à l'heure où, sur cette colline que nous fran-
chissons tous, l'homme commence à fouler
un sentier plus doux, laissant à ses pieds les
chemins rudes où ses efforts l'on cependant
passé et où brillait alors, pour soutenir sa
faiblesse, le moment plus heureux où il est
maintenant arrivé ; tandis que, sur l'autre

versant, se poursuit la route plus douce encore et dont le but trop sombre se perd dans le lointain.

Mais voici qu'un brouillard douteux, et pourtant inquiétant, semble descendre; lui s'étonne, devine presque; mais il prête attention et raille ses craintes. Cependant l'ombre tombe toujours et s'épaissit; il interroge encore et, cette fois, il comprend. Alors il se raidit, il supplie, il implore à genoux une science impuissante et il assiste, terrifié, à ce crépuscule sans lendemain.

Quel écroulement, quel abîme, quel vide.

On a bâti peu à peu l'édifice de vie et de bonheur vers lequel chacun s'efforce; on a conçu, médité les plans, mesuré l'espace; calculé l'avenir, supputé les vents et les tempêtes; on l'a développé, caressé, défendu sans cesse; on l'a paré, enrichi, animé; on s'est délaissé pour son œuvre; on a oublié ce qu'il y a de bon à côté, on s'est détourné du soleil, de la joie, de l'amour, des fleurs, des chansons; on a souffert, prié, regretté;

on n'a toujours eu que ce seul désir, ce seul espoir, ce seul soutien, le jour de l'achèvement et on s'estime par cela payé de tout; on touche à la minute où tout est solide, d'aplomb, fait pour la vie; on repasse alors dans son souvenir, mais sans regret, content de soi, toutes ces nobles forces dépensées d'idéal, de foi, d'oubli de soi-même; toute la fermeté, toute la patience réfléchie et prudente, ces élans réchauffés, ces recommencements résignés, ces blessures d'âme et de sentiment, ces soumissions, ces tempêtes secrètes, la guerre, la paix, les défaillances, l'espoir et tout ce qui passe, tout ce qu'on saisit, tout ce qui s'envole, tout ce qui ride l'onde des heures heureuses, tout ce qui bouillonne aux heures de dépit, tout ce qui s'écroule les soirs mornes, tout ce qu'on retrouve quand revient le soleil et tout ce qu'on oublie et ce dont on se console par amour pour son but qui est une place au sein de tous, une demeure, palais ou chaumière, un toit qui abrite le sourire d'une femme, des jeux d'enfants, un salaire copieusement gagné, un attelage que l'on guide, un courant que l'on entraîne, qui est quelque chose qui tient par vous et par qui l'on vit, un sacrifice, une foi, un amour; et l'on est encore plein de vie, et l'avenir est beau et la pente des jours sera douce. Mais voici que passe la Fortune vêtue de noir, au hasard d'une ronde capricieuse, tournant dans on ne sait quelle course échevelée, et, d'un coup de son sabot, éclatant d'un rire mauvais, elle envoie le tout voltiger en poussières et en ténèbres et vous-mêmes rouler au fond de l'abîme, où vous serez révolté, suppliant, anéanti, mais d'où vous ne remonterez plus. Et la sinistre s'éloigne sans interrompre sa danse.

*
* *

Le malheureux sans cesse pèse l'ombre : les jours vont pâlissant. La nuit seule assoupit ses angoisses et l'aube le retrouve un moment apaisé.

L'aube est une minute légère parce qu'elle est le régulier recommencement des jours et de la vie. La nuit a passé, berçant, endormant les inquiétudes de la veille; le corps s'est gonflé de repos; le sommeil a noyé les chagrins; l'âme en sort pure et neuve, comme un coin du ciel bleu au dernier souffle de la tempête qui vient de s'égarer. La terre aussi se renouvelle; les êtres s'animent avec une force rajeunie; les bruits peu à peu renaissent avec un éclat plus léger. C'est l'heure où la marche de tout recommence. Et il est bon de recommencer, parce que tout commencement a son moment d'illusion qui oublie ou qui espère, toute enfance a ses années innocentes, toute vie son premier réveil plein de cloches et plein de joies.

Chaque matin de notre vie est une aurore d'un moment, un printemps qui se répète, une enfance retrouvée.

Puis le pendule poursuit l'oscillation implacable et lente; du flot des minutes et de l'heure qui passe, monte peu à peu, comme une torpeur malsaine, le poids des soucis oubliés, qui lutte un instant contre ce parfum délicat de l'aube diaphane, qui l'écrase et l'absorbe, et retombe bientôt, alourdissant de sa masse le jour épanoui.

Vers l'aube, le condamné s'avance ; elle sourit ; il sent, comme par le passé sa fraîcheur bienfaisante ; il entend le chant des oiseaux et leur premier salut au jour qui naît; il est pénétré de la brume qui monte; il s'enivre de la joie des choses et des êtres qui s'éveillent. Un instant, dans cette communion ardente à la nature, dans cette ivresse, il oublie son destin ; il veut se mêler aux frissons du matin; il avance encore, il a soif de lumière, il cherche le contour des choses, ouvre grands les yeux ; mais il frémit, le voile est là plus épais que la veille et lui plus près qu'hier de la nuit éternelle.

*
* *

Alors, puisqu'il est bien condamné, que les ténèbres arrivent ; il s'abandonne ; il est

le jouet du temps. Mais une dernière secousse
l'agite encore, comme un sursaut de vie à
l'agonie. Il songe que la seule flamme de
son cachot sera la lueur du souvenir et les
images de son passé; il veut emporter ce
précieux bagage et c'est un désir effréné
de lumière, une fièvre qui l'oppresse et le
secoue; un délire de paroles d'amour et de
douleur.

— « Lumière, prodigieuse et inflexible
déesse, toi qui nous accueilles à la vie et nous
aimes jusqu'à la mort, sublime et céleste
épouse, ô mon infidèle, sois à moi une dernière fois. Je t'implore pour un dernier baiser;
vivons dans une suprême minute, toutes les
joies, tout le bonheur, toute la clarté débordante de notre passé. Ensuite, tu pourras
relâcher ton étreinte et tu poursuivras ta
route de feu dans l'infini de l'espace et du
temps ; moi, sans te maudire, ému pour
jamais de ta dernière caresse, je laisserai
tomber ma paupière sur ce regard que tu
n'animeras plus et ce sera notre adieu. Un

instant, l'espace d'un éclair, illumine tout ce que j'ai vu, tout ce que j'ai aimé, tout ce que je veux emporter en lueurs évocables dans ma lugubre nuit. Viens autour du berceau où tu flottais jadis, incertaine, quand j'ouvrais au monde mes yeux d'enfant; viens aux champs où nous jouions ensemble, toi âme et source des fleurs où tu mettais tous tes sourires, moi ivre de te posséder si généreuse et si éclatante; dans l'azur de midi, où mes yeux te suivaient, illimitée; au village, que tu couvrais le soir de feux si étranges, où nous dormions jusqu'à ton aurore, quand m'éveillait le frôlement de ta fraîche caresse; et, plus tard, sur le chemin de ma vie, où je t'ai dédaignée peut-être, mais où j'allais d'un pas si sûr et que tu foudroies maintenant de ton brutal abandon. Viens, luis encore, vois ces enfants dont une mère en larmes caresse les cheveux innocents; ce sont mes enfants, ils ont mes traits et je ne les verrai plus; lumière, si tu le voulais, cela seulement je te le demande, pour eux tu ne t'éteindrais pas,

un seul rayon de ton soleil sur ces visages :
rien que cela dans mes ténèbres. Oh ! la nuit
qui tombe ; quelle nuit ; elle m'entoure ; ce
n'est plus qu'elle ; comme dans un rêve qui
oppresse, j'étouffe. Du bruit, des cris, des
bêtes sifflantes, des tonnerres de fantôme,
des spectres hurleurs ; n'approchez pas ; place
à la mort ».

Et les prières, les sanglots, le délire s'éteignent. Lentement il glisse dans le tombeau
mouvant et retombe la lourde pierre, infran-
chissable et glacée.

VI

Il y a dans toute douleur, du moins dans toute douleur profonde, irrémédiable, il y a, après les premières minutes de déchirement, une heure de retour désespérée au passé. Toute l'âme s'isole de tout ce qui n'est pas son deuil; elle se plonge et s'anéantit dans le souvenir de l'être ou de la chose disparue et remue éperdument le flot d'images et d'impressions toutes vivantes qui en sont la seule relique. C'est comme une folie de vivre encore avec ce qui n'est plus et d'en prolonger

son ombre; un désir aveugle de se trans-
porter au sein du bonheur qui échappe et
qu'on croit tenir encore parce que l'on en
évoque tous les traits.

Gardez-vous, à ce moment, de tendre au
malheureux votre main consolante; le soutien
le plus ferme, les paroles les plus douces et
les plus sereines ne mettraient devant lui que
ce vide dont il se détourne désespérément.
Peu à peu, la puissance du souvenir, fatiguée,
ira s'affaiblissant; les images du passé se
troubleront et lui, qui reviendra à la vie, se
trouvera face à face avec le gouffre. Approchez alors, et, sans paraître vouloir jeter la
lumière, montrez-lui, dans cet horizon où
ses yeux en larmes ne discernent encore que
pleurs et désolation, montrez l'étoile d'apaisement; si faible que soit sa lueur, elle sera
le guide de ses pas chancelants.

*
* *

Ceux qui savent croire et prier cherche-
ront dans leur ferveur toute leur lumière.

Ils trouveront en eux l'espoir d'une clarté et d'une béatitude mille fois plus radieuse, plus bienfaisante et plus durable que notre pâle lueur passagère.

Qu'importe à ceux-là la souffrance ou les ténèbres d'un jour?

***

N'est-ce pas dans le souvenir qu'est tout le secret, pour quelques âmes trop meurtries, d'un bonheur qui se prolonge?

Il y a des séparations irréparables; l'être ou la chose disparue était en vous; vous viviez comme un seul; c'est une partie de vous-même qui se détache. L'isolement ne saurait plus se peupler. Laissez partir le corps, mais que l'âme reste autour de vous; que le souffle se réincarne; vous vivrez de son souvenir.

Il ne s'agit pas d'une mémoire inquiète, d'un regret douloureux qui ne serait encore qu'une sourde et cruelle révolte, mais d'une paix tranquille et soumise, voilée de deuil, c'est vrai, près des larmes, peut-être, mais

animée et adoucie toujours par l'image présente de l'amour disparu; une paix où flotte
son ombre vivante; une paix où vous trouverez les liens d'amour, de pensée, d'idéal
qui vous unissaient à lui et qui font que vous
sentirez, que vous penserez, que vous agirez,
comme vous auriez senti, pensé et agi quand
il était encore dans vos bras.

*
* *

Certains se plaisent à s'accuser ou gardent contre leur destin une sourde amertume.

Nous savons trop que le sort n'a nul
souci de justice. Notre destinée physique, elle
aussi, est pur caprice; toute notre faute contre
elle, c'est l'oubli, du reste souvent légitime,
de quelques préceptes d'une hygiène parfois
hypothétique, d'autre fois inapplicable.

La grande marche du bonheur ou du
malheur nous entraîne dans son hasard ou
dans sa loi inexpliquée. Les souffles passent,
d'orage, de paix, joyeux, attristants. Voici
que nous tendons la voile; des vents bienfai-

sants d'un jour nous emportent vers une région délicieuse où règne un sourire ineffable; tout va; tout est calme; les vents eux-mêmes se sont tus; nul pli sur l'onde; un baiser incessant. Puis, l'horizon soudain se charge; le gouffre s'ouvre et nous y sommes précipités. Nous nous relevons abimés et meurtris, tandis que nos voisins poursuivent le voyage tranquille ou que d'autres sont le jouet d'une tempête aveugle et sans fin.

*
* *

Mais, si nous voulons égaliser notre destinée, ce n'est pas dans les coups de la fortune incohérente qu'il faut chercher quelque bonheur durable. Notre bonheur est en nous. Ce n'est pas dans l'immense palais du destin qu'il faut attendre nos joies; le plaisir de se mouvoir et de vivre ne dépend pas de la demeure où l'on se meut, mais bien de s'y mouvoir avec aisance et sans arrière-pensée.

Nous mesurons trop notre bonheur à la somme et à l'intensité des plaisirs et des joies qui nous échoient ou nous échappent et pas assez au niveau de bien-être profond que nous pouvons mettre en nous à l'occasion de ce qui nous échoit. C'est ce niveau seul pourtant qui importe et il est indépendant de l'événement heureux ou de la puissance agréable apparente qui l'anime.

Si nous le voulons bien, le bien-être que nous ressentons ne diminuera pas parce que diminue le sourire de notre destinée, car il n'est pas dans l'étendue de ce sourire, mais dans l'ardeur et dans la foi que nous mettons à en ressentir la caresse bienfaisante.

Si étroit et si fermé que soit le monde nouveau où nous aura précipité quelque effroyable calamité, puisque nous ne pouvons remonter au royaume perdu, bien vite faisons notre place sur ce coin de l'univers qui nous reste; l'air dont nous y vivrons peut y être aussi pur et aussi généreux que les souffles les plus puissants; il suffit que nous l'aspirions amplement.

IV

LEUR LUMIÈRE

LEUR LUMIÈRE

I

Mais il semble que la mort, il semble que la douleur frappent en vain contre l'effort à la vie et au bonheur. Sous le coup, l'homme chancelle, puis il se raidit et, diminué dans son corps, meurtri dans son âme, il repart. Qu'on frappe encore, il s'affaissera; mais, d'un pas traînant, il reprendra la route jusqu'à ce que rien, plus rien ne lui reste qu'il puisse mouvoir, pantelant, pour creuser son sillon de bonheur et de vie. Et quand il aura péri tout entier, sous les yeux des siens, eux, les autres, l'ensemble, malgré le deuil, s'efforceront suivant la loi commune et, quels que soient les cadavres entassés et les coups de la mort, il en restera toujours qui pousseront, avec le même ardent éclat, ce cri de vie sur les cendres accumulées.

Voyez quelque bête informe, rampante, au rôle incertain, une de ces premières ébauches de vie un peu massive qui ne semblent encore obéir à autre chose qu'à ce besoin, sans doute lourd et vague en elle, de se nourrir, de se mouvoir, de se défendre et de se survivre en créant ; exemple vil peut-être mais facile à interroger parce qu'il est une forme plus simple et plus près de la nature première et, du reste, qui possède avec autant de noblesse ce fond invariable d'amour intarissable de vie sous les coups serrés de la mort.

Au hasard d'un appétit ou au caprice de son instinct grossier, l'animal se risque à sortir de son trou, de son ruisseau, de ses herbes et flaire, à l'autre bord de la route, le but d'un voyage téméraire. Il s'avance sur le chemin poussiéreux. Mais passe quelque machine dont il comprend trop vaguement la force meurtrière et qui lui apparaît, sans doute, comme à nous les cataclysmes que nous n'expliquons pas et dont nous ne sommes pas maîtres. Il entend bien gronder le danger, mais, dans son ignorance, il ne sait que faire pour s'en garer; il faudrait rester immobile sous le fracas qui passerait en l'épargnant, mais lui n'a foi que dans le silence de la terre et des herbes tranquilles; il se hâte vers son but qui lui semble le refuge; et voilà que la roue le broie dans la poussière et que le corps qui glissait de ses anneaux tendus ou ramassés perçoit, dans sa torture, qu'un tronçon se détache, tordant maintenant ses restes convulsifs dans l'ornière où les viscères traînent et palpitent encore.

Mais le tronçon d'avant, qui donnait le branle à toute la mécanique, se raidit de douleur et d'effort et finit, peu à peu, par se détacher de la masse saignante et déjà inerte. Alors, diminué, pitoyable, béant, abandonnant ses entrailles sur sa trace, mais la tête tendue, aspirant le but, le regard en avant, il poursuit; il arrive dans son coin obscur; il s'enferme et peu à peu se soude le corps amputé.

Il repart alors, plus lent, plus délaissé, plus misérable, mais aussi avide, aussi fidèle, aussi instinctivement averti qu'il ne doit pas être inutile et aussi ardent à obéir à sa loi; et la bête meurtrie reprend son cours de vie, s'agite aux mêmes heures, rampe dans son herbe humide, aspire le rayon chaud, se vautre dans la poussière et pousse à l'heure voulue le cri que la nature semble attendre de tout être qu'elle abrite.

*
* *

C'est que l'ennemi de l'ardeur à vivre et de la joie d'être et, partant, l'ennemi de la vie, ce n'est pas la mort; ce serait quelque chose de plus sombre encore, de plus ténébreux et surtout de plus fatal, le désespoir, l'abandon de soi, la chute vers la matière inerte et indifférente, le non-être, le néant.

Mais le désespoir n'est pas une loi de la vie, au contraire des autres tendances et des autres forces, même des plus destructives, même de la maladie et de la mort et, de ce point de vue, c'est peut-être la maladie la plus réelle qui se pourrait rencontrer, comme étant la négation de ce qui devrait être.

Mais une anomalie ne doit pas nous inquiéter, car seules, finalement, les lois tracées savent agir. Et il est de notre loi de vouloir vivre, de notre devoir de vivre bien, malgré l'obstacle.

⁂

Vivre, c'est s'efforcer d'être encore, c'est obéir à soi, c'est répondre à l'appel des forces obscures et imposantes qui sont en nous, profondes jusqu'à être nous-mêmes; c'est marquer son point dans la ligne des êtres;

c'est donner son coup de balancier au temps; c'est pousser sa clameur à sa race; c'est combler un avenir en suspens.

Vivre, c'est poser son enquête sur le monde; c'est sentir les besoins qu'on abrite, découvrir la place qu'on incarne, fouiller le refuge qui attend; c'est savoir l'espace qu'on occupe; c'est prendre sa part juste du soleil qui chauffe; c'est tâter le labeur qui remplit une vie; c'est mesurer le temps qui convient. Vivre, c'est soigner le corps pour que l'âme surgisse. C'est écouter les voix du passé, des autres, qui viendront; c'est répondre à toutes avec respect, avec mesure. C'est bien voir le sillon où tout va; c'est remuer sa juste part de terre.

Vivre, ce n'est pas creuser le sol jusqu'aux racines; ce n'est pas pousser le cri plus haut que tous; ce n'est pas précipiter la course; ce n'est pas vouloir faire de l'avenir le présent; ce n'est pas enfler ses désirs parce que le monde est grand; ce n'est pas chercher dans l'univers sa mesure.

Mais vivre, c'est s'interroger, se calculer,
se mesurer, se demander d'où l'on vient, où
l'on peut aller; c'est peser la masse à remuer;
c'est accepter de ne pas pouvoir beaucoup,
mais désirer le. pouvoir bien, largement,
suivant toute son envie, toute sa force, tout
son être et avec cela, c'est être heureux,
quand bien même rien n'aura semblé remuer
dans le monde, parce qu'une loi d'être aura
été pleinement, amplement accomplie, parce
que l'écho d'une telle vertu d'action et de
but est l'harmonie en nous-mêmes et que la
seule réalité, la seule œuvre durable, le seul
maintien possible et vraiment compris de
soi, le seul bonheur de tous est une égale
soumission à la fois à ce qui se veut et à ce
qui se peut.

II

Les aveugles, avant de trouver le seuil des routes de lumière, ont erré pendant des siècles dans leurs ténèbres. C'est que personne ne leur tendait la main; personne, du reste, né les jugeait dignes ni de pitié ni d'estime, parce qu'à ces âges assombris, la pensée était obscure ou distraite et que la pitié, habituellement assoupie, ne s'éveillait qu'à ces détours des époques, marqués par quelque cœur inattendu et généreux, brillant sur la longue nuit de misère comme une flamme passagère qui s'éteignait avec eux.

Les malheureux ne se plaignaient pas, ils subissaient; ils partageaient cette croyance de tous qu'ils n'étaient, qu'ils ne pouvaient être qu'un rebut : *possunt, nec posse videntur.* Ils portaient le poids de leur infirmité, inertes sur leur grabat, soumis au joug cruel et méprisant des voyants; la plupart pauvres et misérables, arrachant au dégoût ou à l'orgueil des voyants une aumône ou un salaire vilement gagné, quelques-uns riches, mais délaissés.

Le fleuve et la mort à Sparte, les bouges à Rome, les tréteaux des histrions ou les refuges des sorciers chez nous, voilà leur sort pendant la lente série des siècles, adouci seulement et illuminé par le geste de sages plus avisés, la charité émue des premiers chrétiens, la bonté de quelques âmes pieuses.

Puis, peu à peu, mais tout près de nous, à mesure que la pensée s'anime et s'affranchit, s'éclairent mieux le malheur et la lacune des aveugles et bientôt il ne manquera qu'un sauveur pour incarner ce réveil d'une torpeur lentement dissipée et porter la grande étincelle au milieu d'eux.

Mais eux, les déshérités humiliés par la
foule qui voit, les enchaînés commencent
aussi à s'étonner qu'au delà du voile qui les
entoure, il y ait un monde d'êtres qui vivent
suivant la loi généreuse de la nature et des
hommes, dont le corps n'est pas objet de
dégoût ou de risée, dont l'âme peut s'épanouir sous la poussée des aspirations et des
souffles de fierté ou de rêve qui entraînent
chacun vers le but en deçà duquel il n'y a
pas de bonheur; ils se demandent si une
telle flamme n'existe pas en eux; au fond de
leur cachot, elle luit par instant; elle les
ranime; elle éclaire dans le monde la place
à laquelle ils ont droit; ils la voient; ils
s'avancent; ils rêvent qu'ils franchissent
l'abîme qui les sépare des heureux et qu'ils
sont reçus parmi eux; mais ils n'ont encore
d'autre réveil que la réalité qui les accable,
que le souvenir des longs siècles de leurs

misères ou le contact humiliant de ceux qui voient et dont le regard ne se pose sur eux que pour s'égayer de leur maladresse ou de leur infortune.

***

Or, un jour qu'un de ces malheureux, encore enfant, assoupi sur le parvis d'une église, se sentait frémir dans son rêve inquiet d'un de ces timides et instinctifs élans vers une autre vie, une main se tendit vers lui et l'emmena étonné, lui promettant, pour lui et ses frères, un sort qu'ils n'avaient jamais connu.

Valentin Haüy.

Ce fut l'aurore d'un destin nouveau. Nous ne voyons des choses que leur minute explosive; ce geste fut le réveil éblouissant d'une lueur depuis longtemps vacillante, mais trop tremblante pour jeter le jour; il résume le lent travail du passé et sa sourde évolution; les désirs étouffés des malheureux, leurs efforts incertains; les pitiés sans lendemain; les éclairs précurseurs de pensée et de raison.

Mais il donne le jour aussi à une foi naissante dont Haüy doit recueillir le culte, parce que son jeune élève fut le premier miracle et la première source certaine de cette croyance, fondement de tout le mouvement qui allait s'éveiller et rayonner sur le peuple d'infirmes, que les aveugles pouvaient et devaient être éclairés.

*
* *

Comme ces torpeurs sont profondes et comme l'homme est lent à s'éveiller de cette sorte de sommeil. Des siècles passent avant qu'une douleur nous paraisse ressentie et digne d'être soulagée; les plaintes sont autour de nous, quelquefois des grincements de dents, mais nous ne les entendons pas; nos yeux voient la misère, mais ils ne s'étonnent pas.

Jusqu'au jour du réveil; les yeux s'ouvrent alors : clarté lente qui s'est fait jour peu à peu, ou bien réveil brutal où les malheureux eux-mêmes se dressent avec un visage menaçant et, en quelques heures, répandent plus de sang et font pousser plus de gémissements qu'il n'en est sorti de toutes les souffrances endurées dans la longue suite des âges ensevelis.

Alors, la place de ceux-là est faite; ils jouissent du bonheur de chacun et on pense à leur douleur passée comme on se souvient des moments obscurs d'une période barbare. Cependant, au milieu de cette nouvelle lumière, d'autres endurent des douleurs d'une autre sorte, mais aussi accablantes, que nous ne discernons d'abord pas davantage et dont certaines, du reste, sont le résultat du soulagement qu'on a prodigué aux premières.

Elles, aussi, auront leur moment de pitié ou de révolte. Et l'on ne sait ni la loi, ni le but, ni le terme de ces flux de douleur, de résignation, de révolte qui passent et se succèdent. La pitié seule est une clarté certaine.

Depuis un siècle, l'œuvre de secours et d'affranchissement des aveugles se poursuit; le courant spontané et généreux, parti de quelques foyers ardents, s'efforce vers de multiples voies; il prêche la cause des malheureux et entraîne la conviction de tous; il cherche les meilleurs préceptes pour faire d'un infâme un initié au monde et le mieux armé dans sa faiblesse; en œuvre active, il

---

Assistance aux aveugles, en France. — 1º *Ecoles* à Paris (Institution nationale, Ecole Braille, Sœurs aveugles de Saint-Paul, Frères de Saint-Jean-de-Dieu), Amiens, Angers, Arras, Bordeaux, Clermont-Ferrand, Dijon, Laon, Lille, Limoges, Lyon-Villeurbanne, Lyon-Vaise, Marseille, Montpellier, Nancy, Toulouse, etc.;

2º *Ateliers* d'aveugles, à Paris, Marseille, Montpellier, Lyon et dans les Ecoles;

3º *Hospices* à Paris, Quinze-Vingts, Rothschild, Bicêtre, La Salpétrière, etc.; à Amiens, Arras, Chartres, Lyon, Marseille, Nancy, etc.;

4º *Pensions viagères;*

5º *Association V. Haüy* à Paris et dans les autres centres.

crée et développe toutes les organisations où l'aveugle trouve l'aide multiple dont il a besoin, car, s'il est sans ressources, à aucun moment de sa vie, il ne peut être abandonné; lorsqu'on lui a donné ses armes, il poursuit bien sa route, mais il n'avance que si derrière lui la force bienfaisante le protège et au besoin écarte les obstacles.

Cependant un autre courant s'établit qui porte ses efforts dans une autre voie; il s'agit de lutter contre le fléau lui-même avant ses ravages et, tandis qu'on organise sa constitution, de dépeupler la cité, car ici, ce qui serait mieux encore que de parfaire une république, serait de l'engloutir sous la lumière.

III

L'aveugle tâte d'abord les parois de son cachot; il en a vite mesuré les bornes; il a vite fait de voir que, s'il veut arriver au champ clair de la vie, il doit agrandir son espace et, dans sa prison, puisqu'il ne peut franchir le seuil qui est fermé, il s'agite jusqu'à ce qu'il ait trouvé d'autres issues. Par ces routes détournées, il s'efforce d'arriver jusqu'à nous; il aura dix fois plus de peine pour connaître le monde, mais il dépensera dix fois plus d'efforts et, finalement, il en retrouvera la clarté.

Les enfants comprennent que leur tâche est plus malaisée; ils laissent à d'autres les minutes distraites, l'attention qui flâne, le mol abandon de soi au gré de ce qui passe et de ce qui impressionne, la paresse de recueillir des richesses parce qu'on les sait trop sûres et trop diverses. Ils s'appliquent pour que rien ne leur échappe; ils fixent de façon durable tout ce qu'ils ont reçu; avec eux pas de paroles vaines, pas de répétitions inutiles; ce qu'ils perçoivent est bien acquis. Ils ne s'attardent pas au jeu paresseux et charmant d'une imagination désœuvrée; l'idée pure seule importe; elle seule traduit la réalité utile du monde et il n'est pas trop de toute la puissance de leur enquête affaiblie pour l'acquérir. Pas de détours sur le chemin; pas d'amusements vains en cours de route; la voie est assez longue et assez rude pour ne pas s'attarder sans profit.

Et les voilà tous remuant leurs ténèbres, avidement tendus vers la vie qui se révèle et gonflés du désir de creuser aussi leur moule dans le flanc du monde.

*
* *

Voici donc un aveugle commençant, à l'aube d'une vie intellectuelle qui va peu à peu s'animer; au berceau, vie informe de tout être qui s'éveille, impressions lourdes et confuses, sensations simples à peine tracées, peut-être tout un peuple de souvenirs ou d'états vagues et transmis, des appétits, du sommeil, du rêve.

L'enfant grandit; ses sensations se précisent sous le désir impérieux de ses besoins; il s'en étonne; il les retient; il les relie entre elles et commence à façonner ses premières conclusions sur le monde qui serviront de matière à des combinaisons plus hardies.

De plus en plus avide, sans cesse il interroge au dehors; il envoie se poser sur les objets ses messagers fidèles qui reviennent chargés de nouvelles, comme la ruche envoie sur les fleurs l'insecte pour en rapporter le miel. Seule la vue reste indifférente et lui refuse le secours de l'enquête qui lui est dévolue. Lui, sans trop s'étonner, ne renonce pas à saisir ces visages multiples, aux traits divers qui l'entourent; mais il s'efforce de se pencher avec plus de zèle aux portes qui ne sont pas fermées, à celles surtout d'où l'horizon à même aspect qu'à la barrière close.

En aura-t-il le même point de vue et l'ensemble du coup d'œil qu'attend le cerveau inquiet sera-t-il aussi riche ou du moins aussi suffisamment complet pour que rien n'échappe d'indispensable dans le paysage fuyant et pour que le maître du dedans puisse le reconstituer et s'en servir avec autant d'à-propos que si rien n'y manquait ?

* *

Les qualités premières des corps qu'inter-
rogent nos sens dans leur travail le plus
général, qui sont aussi les plus extensives,
partant les plus nécessaires, visage le plus
vaste comme aussi le plus simplifié de l'univers, celles que l'enfant doit déterminer peu à
peu en les dégageant des sensations et des
perceptions complexes, ces qualités ne sont
pas bien nombreuses. Ce sont les traits
communs à toute chose, dans lesquels se
résument et se fondent les aspects plus indi-
viduels de chaque objet. Ce sont ceux du
reste qui sont la base de nos données sensibles, les autres n'étant que des détails plus ou
moins menus et d'utilité moindre.

Mais il ne faudrait pas croire, parce
qu'elles sont de nombre réduit et d'étendue
très vaste que chacun de nos sens ait pris la
tâche de percevoir la sienne qui deviendrait

ignorée des autres, que la spécialisation des
organes sensibles croît en raison de l'importance, de la généralité et de la simplicité fondamentale de la nouvelle qu'ils doivent plus
particulièrement recueillir. Ce serait fort
téméraire de la part de la nature et nous lui
savons p..is de prudence.

C'est bien le contraire qui a lieu; plus
vastes et plus générales et plus nécessaires
sont les notions à recueillir, plus large devient le travail et plus commun à tous les
ouvriers sensoriels; la spécialisation se fait,
suivant le bon sens, vers le particulier.

C'est cette même route que l'on suit dans
la série des êtres avec sa continuité apparente ou réelle.

La sensibilité première et vague, origine
de nos sens, celle que possède la masse
vivante la plus réduite, quelque amibe, reçoit
un contact flou et uniforme de tout ce qui
impressionne dans son monde élémentaire;
de cette irritabilité simple, s'échappe peu à
peu, en différenciations lentes, d'abord une

sensibilité plus spéciale, mais qui admet encore le choc de tous les excitants en les étouffant tous; puis, des désirs plus étroits, mais aussi plus complètement satisfaits; et la chaîne ininterrompue du mouvement philogénique se poursuit et s'achève dans la différenciation de la masse irritable primitive en une série d'organes, dont chacun ne se plie qu'à un seul excitant et ne se soumet à lui que pour en exiger des services plus complets. Mais chacun garde la trace de son rôle commun du passé et chacun, du moins parmi les plus parfaits, a plus ou moins le pouvoir de donner, comme autrefois, l'image du monde dans ses traits les plus généraux et les moins achevés. Il y a seulement pour tous une aptitude plus grande à saisir ceux dont ils sont journellement le miroir.

*
* *

Cette richesse de points de vue sur un même horizon indispensable nous met à

l'abri de lacunes irréparables dans ces acci-
dents où l'un se ferme pour toujours. Et
l'aveugle, qui peut interroger avec plus de
minutie les sens intacts, ne manquera pas de
cette matière fondamentale dont nous faisons
les assises mêmes de notre construction idéale
de l'univers. Il ne sera donc pas atteint dans
le mécanisme profond de son activité pensante, dont le jeu se poursuivra suivant les
lois communes à tous et il serait certainement
beaucoup plus funeste à l'équilibre de ce
travail intime de ne pas concevoir une seule
de ces qualités premières des choses, lacune
qui mettrait la cécité aux mains de la psy-
chiatrie, que de perdre dans la nuit une
face du monde, même la plus riche, la plus
journellement contemplée, la plus émouvante, mais non l'un des pivots, soutiens de
toute la mécanique pensante.

Ces notions capitales de forme des choses,
avec sa réalisation abstraite et mesurée, les
figures géométriques; de grandeur, de relief,
de distance, d'espace, nous voulons dire

d'espace fini, de localisation, d'orientation, que nous avons conçu surtout par le jeu de nos impressions visuelles, parce qu'elles sont pour ce travail les plus maniables, les plus complètes, les plus facilement analysées, ces notions élémentaires, en tant que concepts abstraits, seront parfaitement élaborées sans leur secours, à l'aide des nouvelles puisées aux sources voisines.

Là n'est pas la lacune des aveugles qu'il s'agit maintenant de mesurer et de combler.

IV

Mais il importe auparavant de bien ouvrir toutes les issues à la prison des malheureux.

Nos sens sont des serviteurs zélés et actifs, mais bruyants et prétentieux; volontiers ils se diraient les maîtres du logis, les artisans de toute la besogne et l'on croirait, à les entendre, que leur seigneur sommeille en quelque coin obscur. Mais lui, sûr de son pouvoir, s'inquiète peu d'être méconnu ou dédaigné et il continue, dans son silence, à donner l'élan et la loi au prodigieux travail.

Il y a là, ce spectacle assez curieux d'ouvriers laborieux apportant sans cesse des matériaux pour l'édifice et qui prétendraient être, parce qu'ils sont indispensables, l'âme même de l'œuvre et vouloir combiner la matière, élaborer les plans, diriger leur exécution, aveugles du reste à la réalité qui laisse se poursuivre le silencieux labeur sous des conseils venus de plus haut.

Sur les données de nos sens règne l'activité de la force pensante et, bien que ses limites, sa puissance, ses tendances, ses racines nous soient inconnues, il paraît étrange qu'elle puisse se plier au rôle effacé de réceptacle inactif, qu'elle n'ait pas son but tracé, sa volonté, son être même et, plus étrange encore, qu'elle n'ait pas ses richesses acquises, utilisables, aussi précieuses que la matière sensible et qui la libèrent, dans une large mesure, de toute servitude trop étroite à celle-ci et qui ne la laissent pas à la merci, du moins pour son œuvre la plus fondamentale, de ce qu'elle peut attendre de ces serviteurs exigeants et au surplus périssables.

*
* *

Du reste, elle en a d'autres à qui donner des ordres et demander des services.

A supposer cela, on paraît homme couché sur ces temps nébuleux où l'on ne se servait de ses sens qu'avec maladresse, ou bien porté sur un brouillard de rêves irréels, ou bien penché sur un avenir de chimères et, dans tous ces cas, fermé à l'évidence de la certitude qui fait loi.

Mais il y a en nous des puissances qui tiennent les images du monde et qui n'entrent pas par les portes où tout s'engouffre. Ce qu'elles nous apportent, ce ne sont point les traits concrets ou le reflet banal des choses; cette matière vile ne connaît que les voies encombrées de tous les jours; c'est la foule bruyante et populaire.

Mais le cortège de noblesse, trop pur pour nos vues grossières et trop insaisissable pour être défini; mais tout le je ne sais quoi de plus élevé, de frémissant, d'immatériel et pourtant de réel qui passe de vous au monde et du monde en vous; mais cette union mystique de ces deux époux et, d'une façon plus tangible, ces parcelles de vérités supérieures, surhumaines des choses, qu'on essaie en vain d'arracher à nos sens qui ne nous répondent que par leur impuissance ou par notre inquiétude parce qu'elles les étonnent et se détournent de leurs mains de manœuvre à la grosse besogne; mais toute la réalité du monde qui ne se précise pas en données sensibles, à laquelle est sans doute soumise la marche même de nos tendances et de tous nos gestes, qui ne se manifeste encore à nous que pour nous troubler de ne pas la connaître mieux et la saisir; tout cela entre par on ne sait quelle porte, par aucune porte et cela vient justement quand on ferme toutes les autres qui vous assourdissaient par les clameurs du dehors; tout cela est

encore vague mais impérieux; ne demande
qu'à se préciser, comme il y a peu de temps
la parole de nos sens; qu'à tendre vers ces
vérités plus nobles dont elles sont le seul
chemin et qu'elles nous montreront peut-
être un jour comme une face nouvelle qui se
découvre, comme un éblouissement à nos
yeux obscurcis, comme une entaille à notre
malaise; tout cela ne demande qu'à s'avancer
vers la réalité dernière du même pas, et sur
une route voisine, que la raison plus enchaî-
née, et on ne sait pas bien, si un jour on
doit l'atteindre, qui, du sens objectif ou de
la connaissance intime, touchera en premier
le but encore insoupçonné.

*
* *

Il n'est pas douteux que ces forces intérieures de communion avec le monde et
d'élaboration plus spontanée ne s'agitent
quand se ferment les voies de contact indispensables.

Il y a des infirmes plus isolés encore que les aveugles; ce sont les sourds-muets-aveugles : silence et nuit, deux horizons lugubres, mais surtout silence sur la pensée des autres; l'aveugle voit encore le monde en image dans le langage qu'il écoute; ceux-là ni le voient, ni ne l'entendent, ni n'en recueillent le portrait parlé. Cependant, quelques-uns qui sont les gloires de ce peuple détaché de tout, ont pu le connaître même dans ses grandes limites; Laura Bridgman, Helen Keller, Marie Heurtin sont ces prodiges qui se sont fait jour à travers tant de ténèbres; toute la clarté est venue du contact direct avec les choses, tandis qu'un éducateur patient les guidait, s'efforçant que tout se pliât à la sensation restante et s'exprimât par elle. Peu à peu, la lumière est entrée.

Mais tandis qu'on n'avait foi que dans la réalité de ce miracle venu du dehors, que se passait-il au dedans attisant la flamme et à quel foyer inconnu allait-elle se ranimer?

V

L'aveugle a perdu avec la lumière deux richesses : la force elle-même qui est l'excitant, indépendant de son rôle appliqué qui est de rendre les objets sensibles, la lumière et ses modulations, les couleurs; et il a perdu les services que nous lui demandons, ce qui importe surtout, l'usage que nous en faisons pour nous renseigner sur l'existence des corps d'abord, sur leurs caractéristiques ensuite, grâce auxquelles nous les définissons.

La présence des objets et leurs définitions
en formules plus ou moins différentes, les
autres sens nous les font connaître; c'est
d'eux que l'aveugle peut les obtenir. Mais la
lumière elle-même, la sensation simple,
indéfinissable, mais immédiatement conçue
de tous, l'excitant pur détaché de ses vertus
utiles, le souffle sans les choses qu'il anime,
quelque chose comme le bleu du ciel où rien
ne flotte, la lumière, le contraire de la nuit,
l'aveugle ne pourra jamais la contempler
ailleurs.

Les excitants de nos sens, on le sait, sont
spécifiques, ce qui veut dire que chaque sens,
quelle que soit la nature du choc du dehors,
donne toujours l'impression à laquelle il est
adapté et aussi que le choc qui le met en
mouvement ne peut ébranler que lui.

Pourtant, il est impossible que l'aveugle
conserve à la place de l'absente un vide
absolu; la trame de la pensée ne peut pas avoir
de trou. Il faut combler par quelque chose
qui sera plus ou moins proche de la réalité;

ce qui l'exige, ce n'est pas tant l'utilité de cette notion de lumière en soi, c'est le commerce incessant avec ceux qui la conçoivent, à la vie, à la pensée, au langage desquels il se mêle et avec qui les aveugles doivent rester en communion.

*
* *

Il est probable que les aveugles-nés, ceux privés de perception lumineuse, s'ils avaient été isolés, loin de tout contact avec les voyants, auraient peu à peu été étonnés des diverses manifestations de la lumière perceptibles à leurs autres sens, ils les auraient étudiées, rapprochées, expliquées; ils auraient, sans doute, conçu une interprétation générale, et du reste hypothétique, de tous ces faits; ils auraient enfin donné un nom à cette force et la notion de l'ensemble aurait été plus ou moins proche de la vérité.

Nous ne faisons rien d'autre quand nous déchiffrons l'énigme de certaines forces qui ne sont pas sensibles directement, mais, seulement, par les changements lumineux, caloriques, chimiques ou mécaniques qu'elles provoquent et lorsqu'aussi nous imaginons le fluide hypothétique qui les régit tous. Nous ne connaissons pas le fluide électrique, ni magnétique, ni bien d'autres, ni toutes ces puissances invisibles dont nous ne percevons que les secousses ou les sursauts; elles ne se révèlent à nous que lorsqu'elles brillent, chauffent, font du bruit ou déplacent des corps; aucun de nos sens ne saurait les percevoir directement; pourtant nous les supposons, nous les nommons; vraies ou fausses, elles aident à nos raisonnements. C'est le désir et le besoin de l'homme de chercher la puissance qui mène les choses et de lui donner un visage et un nom.

*
* *

Mais l'aveugle a la tâche plus facile; il vit au milieu des voyants; il apprend d'eux tout ce qui caractérise la lumière; il entend nommer ses vertus, ses usages, toutes ses faces changeantes; il s'imprègne du langage qui les désigne; il écoute avec attention et retient la multitude de mots, d'images, de définitions, de comparaisons de toute sorte que l'homme a, peu à peu, créés avec l'abondance que réclamaient l'importance, la richesse d'aspects de la chose à nommer, l'impression et l'étonnement qu'il en a ressenti et qui sont autant d'autres impressions pour remplacer celle qu'il s'agit de désigner.

Avec tout cela, il se construira sa sensation lumineuse ou plutôt une image d'elle-même; il s'aidera des autres sensations, qui lui serviront de modèles : la lumière, disait l'aveugle du Puizeaux, c'est la même impression donnée par l'air sur nos yeux que par mon bâton sur ma main. Et, c'est de toutes ces sources, étonnements premiers, jugements, déductions, langage des voyants, sensations restées intactes que sortira peu à peu le concept, irréel, métaphorique, parfois simple étiquette, un portrait fait sur paroles, mais qui comblera la lacune d'obscurité et de silence, se pliera au jeu des idées élaborées et du langage et prendra place dans la trame de la conscience en formation.

* *
*

Il y a un autre appel à la lumière qu'entendront les aveugles-nés : le cri prolongé de la race passée qui se tendait vers elle et la percevait. L'aveugle n'est qu'un cas fortuit dans la descendance; il a reçu intact l'instinct de voir et la matière qui le supporte. Comme le cheval se cabre à l'approche du fauve qu'il n'a jamais vu, comme le chien, sans avoir jamais quitté son foyer, passe en tremblant, lui, frémira au nom de la lumière qu'il ne connaît pas; c'est l'écho des désirs engloutis des siens qui vibre encore en lui.

C'est lui qui s'étonnera de la nuit inattendue; qui s'agitera pour que ce néant se peuple et s'éclaire et qui, peut-être, orientera dans le sens depuis si longtemps tracé et conduira dans les voies encore ouvertes tous les efforts de l'obscurci à construire l'image de l'absente avec de la matière empruntée.

*
* *

La sensation pourra même, chez des aveugles instruits ou avides de sentir, se parer d'une émotion des couleurs plus ou moins proche de la vérité et, comme le daltonien qui ne voit pas certaines teintes, mais les reconnaît cependant et les nomme à leur clarté, l'aveugle pourra, par un détour plus hardi, imaginer la gamme des couleurs sur le modèle de la gamme de sons et qui parlera devant lui de tableau, de crépuscule ou d'aurore, éveillera l'idée ou le frisson de quelque chose comme une douce chanson qui nous arrive par les yeux et qui nous caresse avec autant d'amour que les harmonies de la sublime musique.

Il comprendra alors qu'on s'arrête et qu'on soit ému; lueur froide : l'émotion ne pourra pas le gagner; — à moins que la lumière n'est sa très réelle chanson, à moins que le monde à son réveil ne parle, rit, pleure ou chante, à moins que la nature, touchée d'une si pitoyable détresse, ne se laisse entendre à ceux qui souffrent de ne plus la voir, ou, devant leurs prières et leurs larmes, n'ouvre à eux quelque autre porte, comme l'enfer s'ouvrit un jour à la lyre et au désespoir du divin Orphée.

*
* *

Mais cette lacune des couleurs sera pourtant irréparable. Comme pour la lumière simple, l'aveugle pourra en imaginer une représentation idéale, mais ce qu'il n'aura pas, c'est leur valeur utilisée; c'est la marque qu'elle donne à chaque corps et qui tient tant de place dans la définition de chacun. La couleur, c'est une physionomie des choses, c'est la chanson que la lumière pose sur chacune et elle seule possède ce don. Les autres traits qu'elle nous montre des objets sont dévoilés aussi par les autres messagers curieux; tous sont unis par un travail commun ou du moins ils se remplacent; mais le trait coloré, c'est bien le secret de la lumière et de la vue; tous les autres sens sont aveugles pour lui et il est bien perdu.

Alors l'aveugle devra l'oublier; il sait que pour deviner le visage et le nom d'un corps, il n'est pas besoin d'un tel luxe d'avertissements; il ne s'aidera que de ceux qu'il lui est donné d'atteindre; ce sont presque tous, à l'exception de celui-là; de ses doigts, l'aveugle verra, mais il verra tout comme en gris, et dépouillé de sa parure colorée.

VI

Les doigts surtout vont interroger les objets.

Le toucher est un œil, mais un œil grossier ; sa destinée, son rôle, sinon sa structure, semblent une copie maladroite du jeu du regard. Il est si vrai qu'il a une fonction voisine de celle de l'œil, que nous ne nous servons de lui que pour lui demander les services un peu spéciaux qu'il est seul capable de rendre ; pour le reste, nous le laissons inactif, cependant que l'œil s'efforce ; il sommeille aux côtés de son frère affairé comme une réserve laissée dans l'ombre et que seul le malheur peut rendre active.

Des objets, il nous révèle quand nous le voulons, les mêmes traits essentiels que le regard, la forme, la dimension, le relief; certains lui échappent, mais il en ajoute d'inconnus; il mesure la chaleur de ce qu'il perçoit; il joue avec toute la gamme des contacts rudes ou délicats. Comme l'œil, il est l'organe de la ligne et de tout ce qu'elle engendre; il est celui de l'aspect de l'horizon borné qu'il fouille, parce qu'il peut se promener sur ses contours; il est celui de la mesure de l'espace, parce que l'effort qu'il fait pour contenir deux points extrêmes est l'image en lui de la grandeur, comparée au souvenir, dont il se déplace.

*
* *

Mais quelle lourdeur de jugements, quelle lenteur d'exploration, quels balbutiements devant son horizon pourtant étroit; quelles hésitations à la mesure. Le toucher étale dans le temps et dans l'espace ce que l'œil fait d'un coup; il n'a pas d'envergure, il sent point par point; il n'est l'organe de la ligne que parce qu'il est celui du point; il ne perçoit que là où il se pose et ce n'est que lorsqu'il s'est posé partout qu'il a perçu tout son horizon et qu'il peut alors le reconstituer.

Et pour se poser, quelle grossière mécanique, quels leviers volumineux et ballants; quelles articulations monstrueuses; quels appendices maladroits, cadeau de nos ancêtres des premiers âges. Où est la légèreté de l'œil, son envol, ses coups d'ailes, cet équilibre de prodige qui le tient et l'agite dans sa coque comme une bille polie dans une coupe d'argent que brandirait une main frémissante et sûre? Où est ce sens vrai, destiné, purifié de chaque mouvement fait pour son but, sans écart ni force perdue? Où surtout cette vertu d'écran magique qui reflète d'un coup tout le paysage à saisir, qui peut le fixer et le garder dans tout son ensemble, sans recommencer la promenade grossière? Où est ce don de deviner soudain une somme que le toucher ne déduit que d'une lente addition?

***

Mais qu'importe? La nuit est là et il faut pourtant savoir.

Alors, cependant que les yeux restent inertes, les doigts se promènent, avides et souples; ils avancent en tous sens, fuient, s'arrêtent, glissent, rampent, frôlent, passent, appuient, insistent. Ici, ligne toute droite que le doigt suit sans faillir; là, courbe molle où il s'attarde voluptueusement; ou bien arête menaçante et point piquant, ou bien chemin sinueux où l'on se perd. Ici toucher rugueux; là, comme un baiser velu; ailleurs, glissement doux, comme rien; plus loin, une caresse sur la tendre surface, ailleurs contact énervant dont il frissonne.

Mais toujours couleurs, gammes, modulations, chansons, émotions et souvenirs. Couleurs, même sur ce qui n'en a pas; couleurs, sur tout ce qui est terne; couleurs, jeu changeant, chute de frissons en frissons; que rien ne soit gris, uniforme, plat, sans parler. Ainsi veulent nos sens. Percevoir, savoir, c'est bien, mais c'est la vulgaire besogne; pour l'oublier, de l'âme, des frissons, des couleurs, des chansons.

*
* *

Mais voici une tâche plus noble encore et plus stupéfiante, les signes écrits.

Lumière, couleurs, signes écrits, voilà trois deuils quand meurent les yeux; la lumière et les couleurs s'oublient, ou bien on trompe le souvenir. Mais les signes écrits? Ici le toucher prend grande figure, même dans sa maladresse, par l'ampleur de ses efforts.

Les signes écrits, ce que l'on garde de la parole ou plutôt de la pensée; ce cadeau qui n'a pas encore trahi son origine; cet écho sans fin du langage; ces fils innombrables en liens communiquant dans l'espace et le temps; cette vie dans une solitude, avec tous et ceux de tous les temps; cette somme, ce cumul, ce rappel de tout ce qui s'est pensé, dit et fait, ces racines que nous plongeons dans les âges et les univers; cette cristallisation définitive, ce souvenir sans mémoire, cette image de tout, cette tradition accumulée, cette clarté où que soit la nuit, cet épanouissement hors de nos bornes et, pour l'aveugle, le monde qui s'ouvre, sa lumière, son relèvement, tout cela, l'aveugle le tient sous son doigt.

Et Braille est le Dieu qui fit ce cadeau.

Il reprit les tentatives qui avaient été faites avant lui; avant même la création de tout système, certains aveugles s'étaient servis de signes saillants pour fixer les notions qu'ils désiraient conserver et retrouver. Valentin Haüy eut l'idée des lettres en relief et d'un alphabet lu par le toucher; Barbier eut ce mérite de montrer que le doigt perçoit mieux, avec plus d'aisance et de rapidité, un signe constitué par une série de points isolés qu'une ligne ininterrompue et il imagine l'alphabet en points saillants dont Braille s'inspira pour construire, dans sa nuit, ce clavier de six cordes seulement, mais qui joue toutes les lettres, tous les chiffres et tous les signes dont ils s'accompagnent et se complètent.

Le système Braille et la plupart de ces chaînes reliéfées aux multiples grains où sommeille la pensée, qui scintillent dans les ténèbres et qui parlent sous le doigt de l'aveugle, presque toutes sont l'image, faite pour la nuit, de notre écriture par contraste coloré; elles en reproduisent les figures, les détails, les conventions; le Braille se permet seulement, pour, alléger sa douleur, quelques abréviations faites d'un groupement de lettres réduit et arbitraire, représentant les mots usuels, et laissant plus de rapidité à l'écriture; son alphabet est orthographique; son souci a été plus de refléter l'écriture des voyants elle-même que d'être l'image des signes parlés,

l'origine pourtant, par dessus l'intermédiaire
de nos conventions adaptées au regard, le
visage réel, la chose à peindre et à traduire.
Mais le désir des aveugles est d'atteindre au
même but que les voyants et aussi par les
mêmes routes, même quand à côté cheminent
des voies plus rapides et plus faciles, parce
que sur ces chemins, l'isolement les effraie.

Certains aveugles plus hardis se sont
cependant demandés s'il ne serait pas mieux,
puisque l'écriture Braille ne réunit pas ceux
qui voient et ceux qui touchent, d'oublier
tout souci de copier les voyants et de chercher l'écriture directe et immédiate de la
parole elle-même; plus de soumission à notre
grammaire écrite, mais une cristallisation du
langage dans le système où l'oriente la nuit,
ou par exemple, chaque coup de stylet repous-
serait un son au lieu d'une lettre, où peut-
être l'écriture à la main et à la presse, où la
lecture serait plus rapide et qui pourrait
aussi se plier avec plus de souplesse à la
diversité des langages ethniques.

Plus précieuse encore serait cette trouvaille de quelque alphabet à double symbole qui parlerait à la fois au toucher et à la vue; de quelque trait d'union entre ces deux images fixées du monde, puisque eux et nous ne pouvons pas le contempler dans le même miroir, de quelque portrait du langage à double visage dont l'un serait clair aux aveugles et l'autre à nous-mêmes, mais dont chacun ne laisserait rien ignorer de ce qu'il entend et de ce qu'il dit à l'autre face à son tour obscurcie. Ce serait le pont magique sur l'abîme des deux mondes de lumière et de nuit et par là passeraient nos richesses en symboles dont les aveugles ne peuvent encore user qu'avec une humiliante parcimonie.

VII

Mais l'univers, si entassé qu'il soit autour de nous et si réduite que soit sa condensation en symboles, l'univers ne se limite pas à l'étendue de ce que nos bras peuvent atteindre; au delà il y a l'espace avec ce qui le peuple et dont on ne peut rester ignorant.

Pour cette exploration lointaine, hors des bornes de leurs gestes, les aveugles n'ont que des instruments incomplets et qui hésitent, fort incapables de cet élan du regard aux profondeurs infinies.

Le toucher est une doublure de l'œil, c'est vrai, mais une doublure pour un seul de ses rôles, celui d'explorateur sur les eaux qui le touchent; il ne saurait songer aux lointains voyages sur l'immense océan. Il semble même, pour vouloir pénétrer les desseins plus ou moins réels de la nature, qu'elle ait désiré, dans ses intentions premières, plutôt destiner la vue à la distance longue et le tact à tout ce qui est le monde immédiat et rapproché. Il n'est pas douteux que le regard n'est pas primitivement fait pour la vision de près; c'est nous et nos besoins qui l'avons plié à nos efforts ramassés ou, du reste, il succombe souvent; sa puissance accommodatrice, si excitable, si assouplie, mais dont nous avons justement à cause de cela abusé, ce pouvoir ne semble être qu'une soumission résignée au maître insatiable qui avance, veut dompter le monde, se transforme pour le dominer et qui exige de ses serviteurs qu'ils marchent avec lui, sans crainte d'enchaîner même ceux qui n'aspirent pourtant à connaître que la liberté de l'espace, les horizons qui fuient et les routes illimitées.

* *
*

Dans l'étendue de ses ténèbres, l'aveugle voit comme un myope, satisfait de sa vision de près, mais fort malhabile à se renseigner sur les distances. Il lui faut, pour sonder l'espace agrandi, mettre en jeu tout le pouvoir inadapté, mais résigné, des sens qui lui restent.

La faculté qu'il possède, plus ou moins maladroite, de percevoir au loin, a fait soupçonner chez lui un sens nouveau, inconnu, qui surgirait pour suppléer la vue éteinte. Il est possible qu'il ne s'agisse là que d'une complaisance inattendue du toucher lui-même, qui se prêterait en certaines zones plus sensibles, le front, la membrane tympanique, a-t-on dit, à des réactions vagues devant l'obstacle éloigné, sous le choc de vibrations indéterminées, aériennes ou immatérielles. Il est plus vraisemblable encore que la part des notions auditives est grande dans ces sortes de jugements, car l'ouïe reste, après la vue, l'exquis résonateur et le miroir de l'espace.

*
**

L'ouïe aura rude besogne.

Dans le fracas assourdissant de la vie aux heures actives, dans ce tonnerre sans fin de roulements, de signaux, de bruits, d'appels, de cris, dans ce tumulte dont nous pouvons nous distraire parce que nous l'étouffons, il faut que l'aveugle prête l'oreille; chaque ébranlement de l'air est pour lui une nouvelle et un avertissement; l'air lui apporte l'approche, l'éloignement de tout ce qui se passe; il le prévient de l'obstacle; lui dit d'où il vient; il lui marque la voie libre ou encombrée, lui conseille de se hâter ou d'attendre et il le garde des mille périls qui menacent ses pas inavertis.

Au sein de ce bruit, ou bien dans les milieux silencieux, il y a des appels beaucoup plus discrets, presque insaisissables auxquels il lui faut cependant répondre. C'est le plus léger souffle des choses et des gens qui traduit leur présence, que nous ne saurions entendre, mais que l'aveugle perçoit et interprète. Par lui, il peuple et devine son espace, dans ses mouvements tranquilles.

A l'air aussi, il demande les gestes de ceux qu'il approche, ces gestes surtout expressifs derrière lesquels se cache l'âme dont ils sont la traduction et le visage fidèle, la physionomie avec ses faces innombrables, faces qui sont la marque fixe de ce qui les anime ou qui changent avec les mouvements incessants du dedans; le regard et sa flamme plus intime encore; tout l'aspect que nous recueillons et que nous jugeons sans qu'il soit besoin d'aucun raisonnement, qui résume les millions de puissances intérieures qui sont nous-mêmes, où se voit une teinte vague, indéfinissable, mais immédiatement prenante de ce nous avons fait, de ce que nous allons faire, nos tendances, nos désirs, nos hésitations, le succès, le poids qui pèse sur nous; les routes que nous suivons, d'où nous venons avec le but probable; les desseins de la nature sur notre sort, ses dons, ses oublis, nos ancêtres, notre foyer, notre œuvre, tout ce qu'on ne saurait retrouver encore, mais qui passe sans peine dans l'impression qui se dégage, qui se saisit à l'éclair d'un coup d'œil, qui est fermé à l'aveugle, mais qu'il juge à la chanson de la voix.

Tous ces aveux, il les obtient d'elle. Il lui demande des choses qu'elle nous refuserait; il entend des confidences de minutes intimes et nous devons renoncer à les écouter, car nous ne serions que des balourds interrogeant une coquette.

⁂

A son aide, l'aveugle appelle aussi le signal des parfums.

Mais les odeurs, dans l'espace où elles se dégagent, ne s'envolent pas bien loin ; les particules chimiques détachées de la masse qui sent se dissipent bien vite comme un brouillard au vent.

Et puis, l'odorat est un sens assez indéterminé ; sa structure chez nous n'est qu'une copie diminuée, atrophiée de l'organe épanoui de certains animaux et, sans doute, de certains êtres des premiers âges ; son rôle est encore plus incertain ; son œuvre utile semble oubliée. Du jeu complet d'un sens adulte, il paraît n'avoir conservé que la tâche désintéressée d'émouvoir en plaisir et en douleur, mais les sentiments qu'il nous donne sont, en noblesse, au premier degré d'ébauche de la gamme émotive, plaisir ou douleur rudimentaires, matière assez vile et assez inutile à l'activité d'où s'échappent les premiers flots créateurs.

Voyons ce don de percevoir les odeurs comme un cadeau d'usage que nous avons continué de recueillir par tradition, mais qui

n'est qu'un geste et qui, au temps de sa
splendeur, chez quelque primate, notre aïeul,
fut son moyen à la fois le plus utile et le
plus ému de toucher le monde, avec toute la
lourdeur de contact entre un cerveau grossier et l'univers encore informe de ces âges.

Ainsi tous les sens réunis, malgré leur
entente, leur zèle, le désir de chacun de
remplir sa tâche jusqu'aux limites, ne font
encore qu'un œil inachevé. Le monde qu'ils
ouvrent a bien toutes les clartés indispensables, mais ce qu'ils ne donnent pas, c'est
l'aisance pour s'y mouvoir.

Il y a une activité des hommes qui est
raffinée, minutieuse, impérieuse, cruelle, celle
dont le rôle étranger est de créer l'objet des
plaisirs ou des besoins et le rôle pour soi
d'en retirer un salaire, les métiers; ici, il
faut des prodiges d'attention, de précision,

d'oubli de ses efforts, de mise en jeu de toutes les facultés rassemblées; c'est la lutte entre pleinement doués et qui donnent tout ce qu'ils peuvent, le souci de surpasser ou d'écraser. Quelle pourrait être ici la place des deshérités? Le malheur de l'aveugle tient aux hommes autant qu'à l'univers.

A l'aveugle manque aussi l'aisance dans l'espace où il sera toujours ou ignorant ou maladroit. Ce qu'il ne peut atteindre, ce qui dépasse ses gestes, il ne peut le déterminer, ou du moins le préciser; il ignore donc ce qui est lointain ou trop étendu, ou bien il le juge mal. Il a cet autre supplice de se mouvoir dans un espace peuplé parce qu'il ne découvre son monde qu'à l'écho vague de ses bruits; et le silence est pour lui un désert. Il ne peut avancer qu'avec tâtonnement ou bien, sur les routes qu'il connaît, au souvenir hésitant des efforts d'orientation faits une première fois.

Et c'est là le sens complet de cet image, la prison des aveugles : ténèbres, chaînes.

Ténèbres, où se perdent deux clartés, la lumière et son pouvoir d'animer ce qu'elle inonde. Chaînes, mouvantes, c'est vrai, et qui se déplacent avec eux, mais qui les attachent toujours au point de l'espace où ils sont, leur fermant tout le reste dont ils ne gardent que les murmures indistincts, qui les obligent à traîner le boulet avec eux s'ils veulent aller ailleurs et ne leur permettent pas, du reste, d'aller partout.

VIII

On a pu quelquefois assister à ce miracle, la vue rendue aux aveugles.

Donc, quand on juge le moment venu de faire le geste magique, on s'arme contre la nuit et le couteau va affronter le voile.

Déjà vous croyez voir, au seuil de ces ténèbres où veille un gardien distrait, la clarté impatiente et dans l'attente de votre signal de victoire sur le monstre, pour se précipiter dans les bras avides du regard prêts à l'étreinte, tels deux époux séparés qu'un vengeur rendrait tout à coup l'un à l'autre. Il vous semble que dans la chambre obscure, comme au matin joyeux d'une nuit profonde, quand on repousse les portes sur la campagne, l'aurore, l'azur, le soleil radieux des réveils clairs et transparents vont s'engouffrer pour entourer le seigneur qui s'éveille et le secouer de caresses inconnues ; il va voir dans la lumière et dans l'espace qui s'ouvre et s'agrandit des choses ineffables, aux visages pleins de sourires et il aura peine à calmer sa surprise heureuse au milieu de tant de merveilles.

Mais, à la minute décisive, il n'y a pas tant d'effusion. La lumière est bien toute joyeuse de s'avancer dans les bras du seigneur ; mais lui est d'abord indifférent et l'union mettra des jours à s'accomplir ; il voit bien l'amante devant lui, mais il n'en est pas ému parce qu'il n'en comprend pas le langage et n'en discerne pas la beauté.

C'est que chacun de nos sens est une mécanique complexe, dont nous ne pouvons pas d'emblée nous servir avec adresse ; il nous offre le moyen de nous renseigner sur les choses, mais ce moyen, sensation simple, élémentaire, la seule que nous percevions dans un premier contact, il faut, par une lente éducation, apprendre son usage pour en tirer tous les aveux qu'il est capable d'exprimer. C'est l'enfance de toute fonction, les balbutiements de toute chose ; il faut partout un réveil maladroit, comme partout une vieillesse tremblante ; tout ce qui vit hésite, avance, décline et l'aurore met partout son lent réveil au jour qui précède la nuit.

L'aveugle-né guéri s'habitue peu à peu à la lumière, et lentement il en comprend tout le langage ; il juge la clarté, le contraste des couleurs, les couleurs elles-mêmes et s'évertue à les rattacher aux objets qu'elles définissent ; il apprécie la ligne et les diverses figures qu'elle engendre, mais à la faveur d'un lent travail ; au début, la distance et la grandeur des choses qu'il n'avait pas pu jusque-là mesurer le troublent et il tombe dans de grossières erreurs.

Tous ces jugements de la vue ne se font pas isolément ; les perceptions ne sont comprises et rapportées à leur objet qu'autant que sera intervenu dans les hésitations premières, le secours des autres sens et la comparaison des deux sansations rapprochées. L'enfant compare entre des sensations à peine formées ; l'aveugle guéri entre une sensation d'enfant et d'autres dont la valeur est achevée.

Il ne met du reste à ce travail aucun empressement ; il lui en coûte de faire passer les nouvelles du monde par un chemin jusque-là délaissé et, s'il n'est qu'un enfant et si l'on n'insiste pas il reviendra toujours à l'emploi machinal des routes toutes tracées, insouciant des horizons nouveaux qu'un peu d'effort pourrait lui faire atteindre par celle qui vient de lui être rendue.

**

A ce réveil d'un organe endormi au milieu d'une activité déjà développée, on a demandé beaucoup de secrets. On écoute toujours avec avidité le langage provoqué de la nature, espérant des révélations qu'on ne trouve pas dans ses paroles de tous les jours; mais la trop prude, honteuse d'avoir été surprise, a vite abaissé le rideau devant les indiscrets.

Retenons que toute activité demande habitude ; qu'une habitude exige des efforts et que les habitudes établies font la loi aux nouvelles qu'on voudrait imposer.

IX

Par dessus l'activité utile de nos sens, qui est notre inquisition sur le monde, dont la réalité n'est, en somme, que dans les besoins de notre propre défense, il y a leurs efforts désintéressés. Le cerveau sait se distraire de son travail rude par des heures d'un labeur sans but, si doux, et dont le caprice est le seul plaisir de se poursuivre.

Il est bien malaisé de devenir ses véritables désirs, si ce ne sont pour lui que de simples minutes oisives, si la peine qu'il se donne à connaître le monde n'a d'autre mobile que d'en jouir ensuite ou si la connaissance qu'il en prend découle de ce travail émotif même.

Nous savons seulement qu'il y a une façon de contact avec les choses qui est la source d'immenses joies, les plus rares, les plus pures, les plus fidèles que nous puissions puiser au dehors. A vrai dire, à ces sources extérieures, nous n'empruntons que la matière; c'est en nous que s'élabore le travail, et il dépend plus de la fécondité créatrice que du cumul des éléments.

Il y a pourtant une ardeur à sentir l'univers et à l'imprégner en nous, qui ouvre le jeu à un reflet tout naturellement tumultueux, et partant source inépuisable d'émotions, d'art et de joie; il y a une façon de l'écouter tout entier, de recueillir les innombrables appels qu'il lance et de plier son émotion et son avidité au choix de tous les traits les plus saints de l'image. Certaines âmes le

peuvent, âmes exquises, âmes malades, peut-
être enviables.

Mais tous, nous pouvons découvrir autour
de nous, et quelle que soit la délicatesse de
notre ébranlement intime, quelle que soit
aussi la porte où nous nous penchions, la
matière à créer, plus ou moins souple, ou du
moins des paroles à recueillir, source de
flamme, parce que, sans doute, le rôle
modeste de ce qui vient du dehors, est seulement de donner le choc à l'activité qui est en
nous et l'étincelle qui la fait jaillir.

Et justement parce que cela est en nous,
le moi est sa seule mesure et sa seule condi-
tion, et le moi est cette richesse étonnante
qui nous appartient en propre, qui ne peut
nous échapper qu'avec elle et qu'avec nous-
mêmes, qui ne se diffuse pas, qui n'est pas
sujette à diminuer suivant le cours fixé par
les hommes capricieux ou les choses incertaines. Tant que nous sommes, nous nous
possédons et tant que nous nous possédons,
nous pouvons trouver en nous cette source

de nos joies. Cadeau prodigieux, inatta-
quable, qui est bien à nous, qui se rit des
lubies des vents qui passent; puissance divine
dont nous tenons l'élan soumis; solitude toujours peuplée; univers toujours éclairé et
coloré, que nous embrassons d'un regard en
nous-mêmes.

*
* *

Aux sources du dehors, d'où descend la
clarté première qui l'anime, l'aveugle ira
puiser; puisque le regard est tang il ira surtout à la plus féconde, la plus généreuse, la
plus débordante, les sons.

A ce langage, il trouvera d'abord, s'il le
veut, la même matérialisation du monde;
tout bruit à son objet, tout objet sa chanson;
il y verra comme de ses yeux, parce que
tout regard laisse un son sur sa trace; le
fleuve a son murmure; l'éclair a son fracas;
la source son bruissement qui glisse; le vent

est la rapsodie du monde; la beauté une voix
pétrifiée; la goutte qui tombe et se répète
sonne l'éternité.

* *

— Mais surtout qu'il entende la divine
parole qui chante.

Des chansons. Tout est chanson, parce
que tout est cadence, règle, mesure, harmonie. L'espace berce son rythme qui nous
prend dans ses ondes immenses où nous ne
sommes qu'un point effacé; le temps frappe
en nous ses coups fragiles qui soulèvent notre
sein du chant régulier de la vie; il emporte
nous, la terre, les astres, sur le chemin qui
se mesure et qui sonne sa marche implacable
au carillon des heures, des jours et des ans
et le balancier qui s'incline et s'abaisse
marque la source et la loi du mouvement de
toutes choses. La cadence est le balancier de
toutes les forces qui nous dépassent, nous

entraînent et nous émeuvent aussi; la voix de ce rythme et la voix de l'émotion est ce langage surhumain qu'elles nous tiennent en chantant.

Cela chante de partout. Cela monte de la terre comme une brume odorante et féconde, comme une sève jaillie de ses entrailles où s'abreuvent les hommes, comme un chant de gloire naïf et villageois, un labeur du soir qui tombe et que suspendent les cloches, une danse aux sabots lourds et joyeux, comme une poussière envolée de la tombe des aïeux, comme des racines qui nous enchaînent au sol où dorment tous ceux qui furent avant nous.

Il en vient de la vie; c'est une volée de sons de cloches, un rire inaverti, une force qui bouillonne et s'avance, un amour implacable, des plaintes et des cris, rêves, espoirs, pleurs, une échine qui se courbe, un flot qui roule et recommence.

Il en vient des âges passés, les plus lointaines instinctives et maladroites; d'autres étonnées, voix craintives; les dernières, voix soumises, voix pieuses, voix agenouillées.

Il en vient de la mer qui ont couru sur les chaumières où l'on attend à genoux; elles portent les secrets de la nuit, de la houle, des eaux sans fond. Elles passent dans le vent qui siffle, qui crie, qui hurle, qui déracine.

Cela vient du cœur, à ces moments où un tumulte prodigieux affole la cadence de vie; cela s'échappe et monte en cris de détresse, en appels éperdus, en élans d'amour généreux qui voudrait fraterniser le monde; ou bien c'est un pouls impétueux qui ébranle et soulève tout le passé humain, ou qui se penche avec angoisse sur l'abîme noir des jours à venir comme pour le combler de rêves clairs fixés en sons et en rythme.

Cela vient du ciel, mais c'est un chant tranquille, infini, apaisant; il porte la force immuable, l'étendue sans limites, la sérénité sans durée. Cela vous prend, cela vous emporte; où est le corps, l'âme? On ne sait plus; et la terre et sa course fixée à l'astre qui l'entraîne? Des lois, est-ce qu'il y a des lois? De l'espace, de l'espace sans fin.

Il en vient de partout, dès qu'on écoute; il n'est plus besoin d'écouter; elles semblent entrer toutes seules; elles n'ont pas besoin d'entrer; elles sont en nous, comme un langage venu de très loin, on ne sait d'où, qui a passé sur tous les mondes, sur toutes les forces, sur tous les âges, sur toutes les douleurs, sur tous les rêves et qui a gardé de tout le parfum purifié et divin.

X

Dans la nuit, passera l'inquiétude de l'amour. L'aveugle aura l'âge des premiers frissons et des premiers désirs ; à l'heure venue, il se dira que quelque chose d'insoupçonné s'éveille en lui qui lui fait tendre les bras à des caresses inconnues ; dans les ténèbres, les ombres et les souffles se feront plus inquiétants et plus précis, les voix plus caressantes et plus douces, et la nuit, comme en une légende noire, semblera s'animer.

Celle qui devra fixer et entraîner sur sa trace tout ce flot débordant ne tardera pas à paraître. Viendront les hésitations craintives, les désirs inavoués, les aveux timides ; alors, les minutes heureuses, sous le regard de la beauté cachée, fuieront au charme de la voix. L'aveugle demande à la voix aimée toute la couleur de son amour ; il sent dans sa nuance infinie l'âme même de celle qui tient son désir enchaîné ; elle chante pour lui plus émouvante qu'une musique ; quand elle se tait ou qu'elle s'éloigne, c'est l'amour tout entier qui s'en va ; c'est l'oppressante angoisse de l'abandon ; seul, l'écho désiré laisse sa trace qui caresse et, aux heures de silence et de solitude, il s'éveille en une chanson douloureuse et charmante qui est l'image même du visage aimé.

Mais l'amour, la voix, la beauté sont des caresses de lumière ; trop souvent elles se détourneront des appels partis de la nuit, et l'aveugle pleurera. Combien, dans leurs ténèbres, ont tendu leurs bras éperdus vers l'amante indifférente? Combien gardent pour toujours, à la place douloureuse, le souvenir d'une tendresse dédaignée? Combien auront connu l'angoisse de l'amour inassouvi ?

*
* *

Désir d'amour, force implacable qu'aucune plaie, qu'aucune nuit, qu'aucune mort ne saurait étouffer.

Cruelle nature qui enflamme pour l'hymne de beauté et de joie même ceux qui ne peuvent chanter que la douleur. Elle fait de l'amour un rayonnement de lumière, un paroxysme de vie, une exaltation de toute flamme, et ceux qu'elle a anéantis, elle les lance dans les clameurs de la fête qui perpétue; elle en fait un jeu de beauté, un triomphe du regard, une caresse de parure, et à tout cela, elle excite les blessés de la nuit.

Que lui importe ? Elle est bien plus brutale ; elle ne veut que la vie nouvelle, et quand son désir est comblé et sa loi accomplie, elle appelle la mort et pousse les époux dans ses bras. Jamais l'amour ne sera satisfait ; quel que soit l'abandon de deux êtres, ils ne font qu'ébaucher l'union ardente, achevée, impossible vers laquelle ils tendent et où ils confondraient dans une même essence leurs âmes enfin assouvies ; les plus grands élans ne peuvent être qu'inquiétude et angoisse, mais jamais toucher au calme heureux et inaltérable ; c'est que le spectre de la mort veille au dernier soupir du cadeau de vie ; elle est l'épouvante qui dénoue le drame et l'étreinte ; c'est la même qui achève avec brutalité ces êtres d'un jour, après la dernière secousse nuptiale, tandis que poursuit son vol l'épouse aux flancs fécondés.

XI

Concevez une terre isolée, quelque île lointaine en une contrée brumeuse et peuplée seulement d'aveugles ; sur ces rivages, aucun voyant n'aurait jamais abordé pour y répandre la notion de la lumière ou pour y faire régner les mœurs ou les usages qui se sont établis peu à peu à la faveur de ses bienfaits. Là vivrait donc ce peuple étrange qui s'agiterait, se développerait, concevrait le monde à l'aide de quatre sens seulement et qui de la lumière ne saurait rien directement, rien non plus de ce qu'en disent ceux qui la connaissent et qui ne pourrait la soupçonner que par ses manifestations indirectes perceptibles à ses sens intacts.

Ils vivraient dans cette nuit, s'efforçant au mieux de leurs moyens incomplets, dont les limites règleraient toute activité, élaborant des usages qui seraient adaptés à eux et nullement inspirés par l'influence d'un sens qu'ils ne possèderaient pas.

Nous aurions là le spectacle d'une vie sociale et individuelle surprenante. Au premier coup d'œil, elle paraîtrait fort différente de la nôtre; elle n'en serait pourtant pas si éloignée; elle pourrait être même aussi parfaite; son retard serait surtout dans la connaissance et l'usage des vérités sensibles; mais ce n'est pas là, finalement, ce qui fait ni la perfection ni le bonheur des peuples.

*
* *

Ce que nous voulons retenir de cette vision sur une terre de nuit, c'est que les aveugles n'y seraient pas des incomplets ; leur vie se passerait normale, c'est-à-dire semblable à celle de tous ; ils ne seraient pas gênés par le contact de voisins plus ouverts ou d'usages qu'ils ne peuvent pas avoir et contre lesquels ils se heurtent ; ils n'auraient pas davantage la souffrance d'une infériorité ; ils auraient trouvé là le bonheur d'être égaux à tous, fort indifférents du reste à la supériorité de races lointaines mieux éclairées.

Mais leur malheur et leur loi est justement de vivre au milieu d'êtres plus complets, de se plier à leur marche plus difficile à suivre et plus turbulente ou d'essayer du moins de s'engager dans le courant. C'est comme si l'un de nous était brusquement transporté dans une planète voisine où des hôtes percevraient le monde avec quelque sens supplémentaire et auraient lancé toute leur vie à la force de ce moyen inconnu. Le malheureux voyageur deviendrait un misérable infirme et tendrait ses bras tâtonnants vers la lumière nouvelle et insoupçonnée.

C'est, au milieu de nous, la situation douloureuse des aveugles ; leur équilibre voudrait une terre où ils vivraient, ne se conformant au poids de leurs forces ; leur sort les oblige à se faire voie au milieu de gens munis d'armes plus écrasantes ; tandis que leur infirmité les attache à un niveau plus abaissé, de leurs bras affaiblis, ils cherchent à atteindre les hauteurs où nous sommes et leur rôle se passe à se maintenir à cette place.

*
* *

Mais cette route qui est la nôtre et que nous avons faite involontairement si rude, nous pouvons l'aplanir devant eux ; nous sommes un peu maîtres du sort qui est le malheur des aveugles en face de nous-mêmes. Notre devoir est de les aider à arriver jusqu'à nous et à s'y maintenir sans trop de peine.

Nous devons les approcher de nous d'abord en leur apprenant à donner tout ce qu'ils peuvent et à aller jusqu'au bout des efforts permis par les dons qu'ils ont gardés. Qu'ils donnent leur propre coup d'aile vers les hauteurs plus éclairées où nous planons. Mais, s'ils en peuvent atteindre d'eux-mêmes, puisqu'ils sont des oiseaux blessés, faisons pour eux un reste de l'effort; si cela est encore insuffisant, descendons à eux, vers la terre des aveugles; mais surtout, nous ne leur dirons jamais que nous sommes venus plus bas pour qu'ils arrivent plus haut.

Du reste, si dans le vol rampant, ils regardent tout en haut de l'azur, là où l'on pourrait battre des ailes sur un air tranquille où respireraient tout bonheur et toute vie achevée et parfaite, ils verront bien que les niveaux de ceux qui sont en bas, si différents qu'ils soient, se perdent et s'écrasent sous la distance de l'espace heureux, mais inaccessible.

* *
*

Devant eux-mêmes et devant l'univers, leur position est différente; ici, ils sont les maîtres de leur bonheur et ils le tiennent tout entier. C'est à cette lumière surtout qu'ils doivent demander leurs joies et cela non parce que seulement ils sont aveugles, mais parce qu'ils sont hommes et malheureux.

Il faut que l'aveugle sache regarder en dedans de lui; ténèbres au dehors, lumière au dedans. Qu'il ne craigne pas d'y rencontrer l'image agrandie et plus terrifiante de son malheur et ne croyons pas qu'il l'oublierait mieux en se mêlant à l'agitation constante du dehors. Les spectres de nos infirmités et de nos douleurs ne hantent que le vide; ce sont des ombres infernales qui se plaisent dans le néant, mais qui se dissipent dès que surgissent des visages plus clairs et plus radieux.

S'il y a en soi du vide, il faut le peupler;
il faut que les malheureux puissent se promener en eux-mêmes avec aisance et avec
joie; plus vastes et plus fréquentés seront
ses horizons, plus grands seront leurs charmes. Les joies qui restent sont les forces
destructives qui anéantissent les images som-
bres de nos douleurs définitives. Si nous
savons nous y complaire, elles prennent
corps et les ténébreuses visions se dissipent.
Nous pensons que Saunderson, Hubert ou
d'autres aveugles éclairés furent plus heureux
dans leur malheur que beaucoup de voyants
inexperts à puiser aux sources de joie véritables.

Dans tout ceci, il s'agit d'un bonheur
actif, conscient, élevé. Aux siècles assombris
de leur misère, les aveugles les plus ram-
pants sur leur grabat purent être aussi béate-
ment heureux d'un bonheur inerte et ne pas
souhaiter d'autre sort que leurs opaques
ténèbres, parce qu'en eux tout désir de vie
réelle était étouffé. Mais l'aveugle qui a soif

d'être doit mettre dans ses espoirs une tranquillité plus élevée, un bonheur intime émané des efforts et des aspirations satisfaites, celui qui est l'écho d'une vie bien accomplie sous l'ardeur de ces souffles qui veulent toujours emporter plus loin.

*
* *

On ne peut qu'entr'ouvrir ce monde si riche, si lumineux, si inépuisable, qu'un coup d'œil en soi suffit à éclairer. Parce qu'il est trop varié, trop souple, trop fidèle à l'âme de chacun, on peut à peine dessiner son visage et le rendre compréhensible. Il puise à mille clartés, il tient à mille racines, il suit mille courants ; il s'inspire de toutes les beautés et de toutes les richesses et les plus délaissés hésitent encore, en déroute devant leur abondance ; il les emploie à son gré, à tel bonheur qu'il lui plaît.

Il demande une âme sereine où toute la houle mouvante du dehors s'affaisse et s'équi-

libre ; les chagrins se perdent, les joies sourient, les orages s'épuisent, le ciel est clair,
tandis qu'au dehors le tumulte fait rage.

Le chemin de cette contrée heureuse,
c'est un regard calme à tout ce qui passe ;
c'est un oubli des heures orageuses ; c'est un
apaisement, c'est une intimité puisée à une
source de joie sûre et stable, quand bien
même elle jaillit modeste et parcimonieuse ;
c'est le dédain du torrent capricieux, inégal
et meurtrier.

*
* *

Les aveugles, du moins les plus délaissés
qui sont aussi les plus nombreux, ne sont
sans doute qu'à l'aurore d'un tel bonheur,
parce que jusqu'à présent, ils se sont efforcés
vers le but le plus impérieusement nécessaire.
Depuis le jour où ils se sont relevés de leur
misère séculaire, ils ont dû travailler à se
rendre maîtres de leur sort exigeant de tous

les moments; la tâche était assez ample pour oublier les joies tranquilles. C'était la première conquête.

Nous-mêmes nous n'avons pu aider que ces efforts. Mais aujourd'hui, tandis que cette œuvre se poursuit et s'achève, songeons aux minutes intimes de ceux que nous voulons secourir. Un tel rôle est moins précis et plus difficile à tenir; l'appui doit être discret et mesuré, peut-être calculé au souvenir de cet équilibre épanoui sur la terre isolée et chimérique que nous évoquions tout à l'heure, apprécié à la douleur de leur impuissance et de leurs moyens étroits, mais surtout réglé par l'élan spontané et fervent de nos cœurs.

*
* *

N'approchons qu'avec respect d'un malheureux qui rêve; de son regard caché, il cherche le monde inconnu qui s'ouvre et s'éclaire par dessus sa place apaisée; il appelle, dans un langage secret, les seules voix mystérieuses qui puissent lui répondre avec douceur. Laissons-le se mouvoir dans la contrée plus vaste, plus riche, plus éclairée que celle où nos yeux s'efforcent.

Respectons son silence, retenons notre souffle. Qui sait quels souvenirs déchirés, quelles visions interrompues, quelle plaie rouverte et saignante, quel gouffre à notre appel imprudent ?

Ne souffrons plus avec lui ; il n'est plus malheureux.

Surtout, dans ce temple où nous ne serions que des étrangers ignorants et sacrilèges, n'essayons pas d'entrer ; ouvrons seulement les portes devant lui.

XII

Il n'y a pas deux classes d'hommes ou de choses, des aveugles et des voyants, de la lumière et de la nuit, de la douleur et de la joie. Il n'y a qu'une lumière pâle et tremblante et qui meurt au premier souffle ; il n'y a qu'un bonheur incomplet, incertain, ballotté.

Il faut aussi qu'il n'y ait qu'un amour et qu'une pitié, qui se dressent contre la grande torture. Comme une calamité aux ailes

noires, elle plane, en un vol immense, au-
dessus de nos têtes. Nous qui sommes en
bas, impuissants sous ses coups et ses caprices, nous voyons passer l'oiseau sinistre,
tremblant qu'il ne se pose ; nous nous rap-
prochons ; nous nous entassons ; nous sommes des tout petits et nous cherchons la
grande aile maternelle qui pourrait nous
cacher à la bête lugubre et voici qu'au plus
fort de nos craintes, nos mains se sont toutes
saisies, nos cœurs se sont unis et la plaie
inévitable a moins cruellement saigné.

*
* *

Vous qui voyez la lumière du jour, éclairez
la nuit des aveugles. Que votre amour soulève le flambeau.

BIBLIOGRAPHIE

BIBLIOGRAPHIE

ARMITAGE

The Education and Employment of the blind.

(Londres, 1886).

BARBIER

Notes sur les salles d'asile, le retour à la simplicité primitive de la théorie alphabétique, l'instruction familière des enfants du premier âge, des aveugles de naissance et des sourds-muets.

(Hachette. Paris, 1834).

BARAZER (Commandant)

A propos du sens du toucher.
Conseils aux personnes qui perdent la vue.

(In-8° Dunod. Paris, 1887).

BATZKO (Ludwig von)

Ueber mich selbst und meine Unglüks-Gefärten die Blinden.

(Paul Gotthelf-Kummer. Leipzig, 1807).

BERGER (Lydie)

Le commandant Barbier. (Le Valentin Haüy).

BOURDON

La perception visuelle de l'espace.

BOYER

Rapport au Congrès d'études pour l'Assistance aux aveugles.

(1910).

BRAILLE

Procédé pour écrire au moyen de points.

(Paris, 1837).

BUFFON

Histoire naturelle (sur l'opéré de Cheselden).

CHAUTARD

Projet de loi du 22 mars 1910.

CHESELDEN

Philosophicale Transactions of the Royal Society.

(1728).

CLEMENCEAU

Le voile du bonheur.

CONSTANÇON (Maurice)

Dans le monde des aveugles.

COPPÉ (François)

Pour les aveugles.

COUILLARD (Georges)

De l'enseignement donné aux aveugles par les maîtres aveugles.

(1909).

CUVIER ET MOLARD

Rapport sur un mémoire de Charles Barbier.

(A la Bibliothèque Braille).

L. DESCAVES

Les Emmurés.   *(Roman. Stork, 1895).*

DIDEROT

Lettre sur les aveugles.   *(1749).*

DÉJAULT (Docteur)

Etat actuel de l'éducation et de l'instruction des aveugles.

(Thèse de Bordeaux, 1911).

Henri DOR (Docteur)

Guérison d'un aveugle-né.

*(Clinique opthalmologique, 1885
et Congrès de Milan, 1880).*

DUFAU

Des aveugles ; considérations sur leur état moral physique et intellectuel.

(Paris, 1850).

Souvenirs et impressions d'une jeune aveugle-née.

(Paris, 1876).

DUMONT (Docteur)

Recherches statistiques sur les causes et les effets de la cécité.

(1856).

DUSSOUCHET

Rapport sur l'instruction générale et technique des aveugles mineurs.

ENCYCLOPÉDIE

Article aveugle.

EXTRAIT (Mlle) ET LAFONTAINE

L'enseignement aux anormaux sensoriels.

(Congrès de Toulouse, 1910).

Les écoles régionales pour l'instruction primaire et l'éducation des jeunes aveugles (Mlle EXTRAIT).

(Rapport).

FIEUZAL (Docteur)

Mémoire au Congrès de Genève.   *(1882).*

FREYSSINIER

Moyens à employer pour l'éducation du toucher et
de l'ouïe chez l'aveugle.
Croisade contre la cécité. Les aveugles en France.

(Congrès de 1910).

Le Congrès des Typhlophyles.

(Revue philanthropique, 1910).

FUCHS (Docteur)

Rapport au Congrès de La Haye.   *(1884).*

FRANTZ

Philosophical Transactions of the Royal Society.

(Londres, 1841).

GALERON DE CALONNE (Mme Bertha)

Dans ma nuit.   *(Poésies).*

GAYET (Docteur)

Education du sens de la vue chez un aveugle-né.

(*Soc. d'Anthropologie de Lyon, 1884*).

GINESTOUS (Docteur)

Mémoire à l'Académie de Médecine.   (*1910*).

GUADET

L'instituteur des aveugles.

(*Journal mensuel. Paris, 1855-1863*).

GUILBEAU

Histoire de l'aveugle.   (*Paris, 1888*).
Chants et Légendes de l'aveugle.   (*Paris, 1891*).

GUILLÉ

Essai sur l'instruction des aveugles.

(*Paris, 1817*).

GÉRARD HARRY

Le miracle des hommes. Helen Keller.

(*Larousse-Paris*).

Valentin HAÜY

Essai sur l'éducation des aveugles.   (1786).

Précis historique de l'institution des enfants aveugles.

HELMOTZ

Optique physique. (A propos des théories nativiste et empirique du mécanisme de la vision).

W. JAMES

Principles ofpsychology. (Sur le cas de M. W. Hanks Levy).

(1891. Vol. II).

JAVAL (Docteur)

Entre aveugles. Conseils aux personnes qui viennent de perdre la vue.

(Paris, 1903).

Physiologie de la lecture et de l'écriture.

KOROLENKO

La forêt murmure. (Le musicien aveugle). Traduction française.

(A. Colin, 1895).

KUNZ

Du tact à distance.

LA FONTAINE

Les asiles pour l'hospitalisation des aveugles incapables d'un travail utile.

(Rapport).

LE VALENTIN HAÜY

Revue.   (1883-1897).

M. W. HANKS LEVY

Blindness and the Blind.   (Londres, 1872).

LOCKE

Essai sur l'entendement humain (à propos de la
discussion de Molineux).

(Trad. Coste. Liv. II).

P. MARSCHALL

Le retour au nid.   (Société de biologie, 1900).

Docteur MARTHA

L'ouïe chez les aveugles.

(Le V. Haüy. Mars, 1911).

Docteur MARTRES

La cécité dans la région de Montpellier.

(Thèse de Montpellier, 1893).

MONOGRAPHIES ET RAPPORTS DIVERS

Rapports sur la Société des Aveugles de Paris, depuis 1882.

Rapports sur la Société marseillaise des Ateliers d'aveugles, depuis 1883.

Comptes rendus des Congrès de Paris, 1878-1889-1900; de Londres, 1890; de Lausanne, 1894; de Paris, 1910.

Comptes rendus de l'Association Valentin Haüy, depuis 1890.

Note sur l'Institution nationale des jeunes aveugles.

Monographie de l'Ecole Braille.

(1899).

Monographie de la Clinique des Quinze-Vingts.

(1901).

La Question des aveugles dans la région lyonnaise.
(1909).

La Situation actuelle des aveugles en France.
(Conférence faite à Bordeaux,
par Albert Léon, 1909).

Rapports sur la Société des Ateliers d'aveugles de Paris.
(Assemblée générale de 1912).

Alexander MELL

Encyklopedisches Handbuch des Blinden-Wesens.
(Wien und Leipzig, 1900).

Marc MONNIER

Le Charmeur (Entre Aveugles).
(Charpentier. Paris, 1895).

MOREAU (Docteur)

Guérison d'un aveugle-né.
(Annales d'oculistique, 1913
et in Thèse de Chavanis. Lyon, 1913).

NIBOYET (Mme Eugénie)

Les Aveugles et leur éducation.
(Paris, 1837).

NŒGELI

Sonderbare Errinerungen und Merkwürdige Lebens fahrten des Jacob Birrer.

(Lucerne, 1840).

PERRENTAU

La Cécité congénitale sans lésion.

(Thèse, 1879).

PIGNIER

Essai historique sur l'Institution des aveugles de Paris.

(1860).

Marcel PREVOST

L'accordeur aveugle.

PREYER

L'âme de l'enfant.

(Trad. par H. de Varigny).

PROTOPOPOFF (Docteur)

La Cécité en Russie.

(Thèse de Paris, 1895).

A. RODENBACH

Les Aveugles et les Sourds-Muets.

(Tournai, 1855).

E. ROLLET (Docteur)

Rapport médical sur la question des Aveugles pour la Commission dépar...mentale du Rhône.

(1909).

MAURICE DE LA SIZERANNE

Les Aveugles, par un Aveugle.

(5e Edition).

Impressions et Souvenirs d'Aveugle.

Les Sœurs aveugles. La psychologie de la femme aveugle et la Communauté des Sœurs aveugles de Saint-Paul.

Mes Notes. Les Aveugles dans l'école, les Aveugles dans la vie, les Aveugles et leurs amis.

Trente ans d'étude et de propagande en faveur des Aveugles.

J. Guadet et les Aveugles. Sa vie, ses écrits, sa doctrine, avec portrait.

Les Aveugles utiles, ouvriers, accordeurs, professeurs, organistes.

La Question des Aveugles en 1910.

TROUSSEAU (Docteur)

La Cécité en France. Statistiques. Répartition géographique. Causes et Prévention.

(Congrès français d'ophtalmologie. Paris, 1902).

TRUC (Docteur)

Inspection oculistique des Ecoles.

Des Aveugles en France (Assistance).

(Congrès français d'ophtalmologie, 1902).

L. TURTCHEL

Le problème du soi-disant sens des Aveugles.

VASSAL (Docteur)

Causes de la Cécité.

(Thèse de Bordeaux, 1894).

VOLTAIRE

Eléments de la philosophie de Newton.

(A propos de l'opéré de Cheselden).

VAUGHAN

L'Assistance aux Aveugles en Bohême.

Notice historique sur les Quinze-Vingts.

(1909).

La Lutte contre la Cécité.

(1910).